リバーサイドボーイズ

光石研

JN092893

大きな川のほとりのまちで
ふざけてばっかりいた
少年たちのこと、知っとうや？

もくじ

2 ちょっとした愉しみ

3 調子はいかが

4 夢で逢えたら

1.

Don’t Worry Baby

あの頃から

「知っとうや?」の一言から

1978年、ムシムシした梅雨の頃。休み時間に友達の小屋町と雑談中、ヒラヒラと新聞の切れ端をなびかせ、友達の中尾が現れた。「お前ら知っとうや? 『博多っ子純情』が映画になるっちぇ。それでオーディションがあるらしい。撮影は夏休み博多でやるげな。みんなで受け行かんや?」

中尾は常に情報通で、学校のあらゆる噂を吸収して僕らに伝えた。あの先生とあの先生はできてるとか、あいつの家は夜逃げしたとか、学食の経営者が変わったらしいとか、どこで仕入れてきたのか、イチ学生のレベルじゃ無い。そんな中尾が続ける。「小屋町は原作マンガの阿佐にそっくりやから受かるやろ! この小屋町の隣に並んどったら俺らも見てもらえて受かるかもしれんじぇ! こりゃ行かんちゅう選択肢は無かじぇ!」

情報屋の中尾が言うと何となく理にかなってるように感じる。そして、履歴書を僕と小屋町に渡し「次の数学の時間、これ書きやい！　で、昼休み屋上で全身と顔のアップ写真撮るじぇ！」とカメラを出した。「あとはじぇんぶ俺に任せやい。俺が出しとっちゃあ。今年の夏は熱くなるじぇ！」。中尾の中では、すっかり絵ができあがっているようだった。

定期試験の真っただ中、午前中だけの試験を終え、僕らは博多へ向かった。会場は西日本新聞社、大丸福岡天神店が入ったビルの催し物会場。すでに大勢の中高生が集まっていた。オーディションが始まると、原画にそっくりな小屋町は学生からも審査員の皆さんからも話題になり、早々に内定な感じだった。僕は、前日の喧嘩で眉を二針縫って絆創膏を貼っており、そこから質問ぜめになり、喧嘩のまねや酔っ払いのまねをさせられた。お調子者が幸いし、めちゃくちゃウケた。トントンとオーディションは進み、小屋町と僕は主演の学生に選ばれた。

もう1人の主演学生は、博多在住本物の博多っ子、中学生の横山司くんが選ばれた。素人ながら僕の俳優人生の第一歩。ちなみに落ちた中尾は、参加賞でいただいた博多人形を駅のトイレで叩き割って帰ったらしい。

映画屋さんに惚れた

1978年7月10日、曽根中生監督の映画『博多っ子純情』は博多の街でクランクインした。その前日、僕たち3人組はスタッフがベースにしていた脇田温泉に合流、晴れて曽根組の一員となった。78年の博多の夏は、渇水で断水になり給水制限が行われていた。福岡市内にベースを置く方が効率的なのだが、やむなく水の心配が無い脇田温泉にしたらしい。

撮影初日の朝、朝食もそこそこにドカドカと各ロケバスに飛び乗り、博多の街へ向かう。到着するなりスタッフは各パートの機材を下ろし始める。僕らも、先発スタッフが用意した支度部屋で衣装を着て、メイクが始まる。メイクなんか初めてで何だかくすぐったい感じを覚えてる。そこに助監督さんが現れ今日のセリフの確認。終わるとすぐさま現場へ。セッティング済みのキャメラの前へ放り出される。40名余のスタッフの目が僕らへ注がれる。博多弁でセリフを喋る僕らを温かく見守ってくれた。その場所でのシーンが終わると、すぐさま撤収。下ろした機材を手早く仕舞い次の現場へ向かう。多い日はこれを4回も5回も繰り返す。

夜は全員揃って、旅館の大広間で夕食。映画屋の1日はまだまだとばかりに、大いに笑いはしゃぐ。小1時間すると幾つかのグループができ、個々に呑んだり明日の打ち合わせしたり。大胆で繊細で、知的で大馬鹿。僕らが初めて触れる、大人の世界、映画屋の世界が新鮮でキラキラして見えた。特に僕は、こんなに楽しい映画屋さんと映画の仕事がしたいと強く思うようになった。だって「振りまわしてるスイカをどうやったら頭で綺麗に割れるか?」って、大の大人が車座になり真剣に、時に身振りも交え話してるんですよ！　惚れないわけ無いでしょ！

その後、博多で1カ月のロケ、松竹大船で1週間のセットが終わり撮影は全て終了した。地元黒崎に戻った頃にはお盆も過ぎ、秋の気配が始まっていた。僕は本当に、映画に出たのかしら。でも、なんだかちょっとだけ大人になった気がした。

演技のソース、黒崎の町

北九州市八幡西区黒崎。僕の生まれ育った町だ。黒崎は駅を中心に放射線状に商店街が伸びてる。伸びてると言っても、町の大きさはせいぜい500メートル四方くらいのモノか。でもその中に、デパート、スーパー、映画館にキャバレー、個人商店に公共施設。とにかく上に下にビッシリお店が乱立してた。

小学校の同級生の半分は商店街の子どもだったと思う。ラーメン屋にうどん屋、文房具屋、薬屋、魚屋、肉屋、スーパーに明太子屋にスナック。などなどなど。挙句に、ラブホの経営者の子が同学年に2人いた。こんな小さな町なのに、黒崎小学校には1000人を超える児童がいた。とにかく僕らが育った1960年代~70年代は人であふれて、町も人も前しか見てなく、エネルギーに満ちていた。そして色んな職種の人たちが往来していた。ホワイトカラーにブルーカラー、アンダーグラウンドの方々まで、坩堝《るつぼ》だった。酔っ払った先生を見るのは日常的で、中には先生の逢い引きやキャバレーから出て来たところにバッタリなんかもあった。もちろんアンダーグラウンドのプロの方々も沢山いらっしゃって、僕らが出入りするゲーセンや喫茶店でもよくよく遭遇した。

よくサテンで顔を見てた先輩が、最近見かけんなあと思ってたら、いつの間にかスカウトされ、定休日の井筒屋の前の屋台でりんご飴を売っていた。僕も高校生の頃パチンコ屋で打ってると（すいません、時効としてください）、近くで打っていたそのスジの方に、「ボク、これ替えて来ちゃらんか」と出玉を渡された。仰せの通り替えて来た僕に「ありがとう、悪かったね」と千円札を1枚くれた。たぶん、幹部の方なのかビシッとスーツを着てめちゃめちゃカッコ良かった。おそらくこんなことが何回か続き顔見知りになり「ボク、事務所に遊びに来んね」などとスカウトされるのだろう。だってめちゃめちゃカッコ良かった。

そんなこんなで、この町のあらゆる業種の方々が、今の僕の演技ソースだ。

憧れのスーツ

小学校低学年の頃、箪笥《たんす》の上にかなり分厚い厚紙でできた箱がいくつも積んであった。興味本位で覗いてみたら、そこには背広が入っていて、父親に聞くとオーダーしたのだと言う。父は、20歳の頃八幡に来て、八幡製鉄所に入社。寮生活をしていたそこに、仕立て屋さんが来ていたらしい。

日曜日の午前中から、多い月には毎週、何十本も反物を持ってやってくる。新入社員の父は、月賦で購入していたそうだ。30歳の頃になると、その仕立て屋では飽き足らず、街の立派な紳士服店でオーダーしたそうだ。今ほど背広屋に選択肢が無く、そしてオーダーするのが流行っていたそう。それらのスーツは、どれもしっかり作られていた。特に冬のツイードのスーツはドッシリ重く肉厚で、まったく形崩れしてなく最高にカッコ良かった。父のいない時、ブカブカのスーツを着てみたりした。当時のサラリーマンは、グレー系のスーツに細身のタイで、子どもから見てもカッコ良く、僕は本当に憧れた。

しかし中高生になってくると、嫌でも校則が厳しくなり自由を求める。同じようなスーツのサラリーマンが窮屈に見えてくる。同じ時間に起き同じようなスーツを着て、同じ電車で通勤する。もっと自由に好きな髪形で好きな洋服を着て、好きな仕事がしたい！　映画『博多っ子純情』の撮影以降、僕はすっかり当時のスタッフに感化され、古着のGパンにTシャツに憧れた。役者になれば自由で、自分らしい髪形に自分らしい洋服で生活を送れる、そう思っていた。

あれから40数年。撮影現場に入る時は自由な服だが、衣装に着替えると、ほぼスーツ。刑事にサラリーマン、医者に弁護士に公務員。年齢的な問題なのか、そんな役ばかりだ。ある年など、ドラマ3本刑事役が続き、あとは医者とサラリーマン。年間300日以上スーツで過ごした。もちろん撮影中は1日中ずーっとスーツだ。新橋駅前のモーレツサラリーマンの貴兄にも負けない一年だった。

商店街の子どもたち

うちの両親は新日鉄に勤める共働きのサラリーマンだった。小学生の頃、学校の5割近くの児童が商店街で御商売されてる家の子だった。高度経済成長期、北九州黒崎も元気だったので、商店街の子は軒並みお金持ちだった。

幼稚園の頃、鍼灸院の家のG君ちに遊びに行くと、デッカいサンダーバードの基地の模型があった。幼稚園児だったから6畳間いっぱいの大きさだと記憶してる。うらやましかった。スポーツ店のM君ちも文房具屋のK君ちもスーパー経営のN君ちも、自分の部屋にベッドがあった。誕生会などに招かれて行くと、ベッドが光り輝き鎮座してる。「乗ってもいい?」「乗ってもいいけど3秒だけバイ。3秒ルール、うちのルールやけ」。ベッドを持たない安サラリーマンの家の子たちは、代わる代わる乗って跳ねた。うらやましかった。

1個上のお肉屋さんちのU君のサッカーシューズは本革だった。横に3本ラインの舶来品。僕とサラリーマンの子のO君は、ビニール製だった。3本ラインは同じだが、U君のとは、ラインの間隔がちょっと違う。明らかにバッタもんだった。「革は足になじむんよね」。彼の口癖だった。ビニールはなじまなかった。うらやましかった。

小学3年の頃、父が新日鉄を辞めた。破天荒な父は、いきなり喫茶店をやると言って、黒崎で物件を探し始めた。それからまもなく、喫茶店の備品がドカドカと家に届いた。数カ月後、黒崎商店街の片隅に、当時としては珍しい山小屋風の喫茶店「シーハイル」がオープンした。僕も晴れて商店街の子になった。会社勤めの母も、いつもの日常とは違う空間ができ、それはそれで喜んだ。時々手伝いに行ったり、店の2階を自分の部屋のように模様替えしたり。店も商店街の皆さんにかわいがっていただき繁盛していた。

オープンから5年、軌道に乗り、さあこれからますますと思った直後、父は「やっぱり、俺には向かんね」とやめてしまった。またもや母も僕も振り回された。ベッドもサンダーバード基地も遠のいた。

山笠のオーディション

黒崎祇園山笠。４００年以上の歴史を持つ、福岡県の無形民俗文化財だ。車輪が付く山は、勇壮な戦国武将の人形で飾り立てられた、人形飾り山笠。５メートル余りの山には、それぞれの役割の男たちが乗る。一番上で、電線をさばくもの、山から突き出した棒の上で曳き手の男たちを鼓舞するもの、そして山の花形、お囃子の男たち。お囃子は、ほとんど同じ旋律をループする。盛り上がってくると、ブレイクしてピッチが上がる。黒崎の子は今でもあのフレーズを聴くと、身体が反応して、高揚感を抱く。

昼は子どもたちで山を曳き、町を練り歩く。夜は山に電飾が灯り、成人の男たちが山を疾走させたり蛇行したり回転させたり。動きの激しさはまさに「喧嘩山笠」。夜の山笠は子どもたちの憧れだった。その山笠に乗って鐘や太鼓を鳴らすお囃子隊は命がけのヒーローである。

梅雨に入る頃から公園でお囃子のオーディションがある。オーディションと言っても、山の当番のオッチャンが子どもたちを集めて、大太鼓、小太鼓、鐘の練習をやるのだ。それでも僕ら子どもにとっては、一大イベントなのだ。ここで腕を認められれば、お囃子隊の一員になれるからだ。合格すれば華やかな人生が待っている。「お、研ちゃん！　お囃子めちゃめちゃカッコ良かったね！　この焼き鳥持ってき！」「研ちゃんの太鼓は最高やね！　コーラ飲んで行き！」。なーんて、商店街のアイドルになるだろう。そして浴衣の同級生の女子たちが、僕の家の前に群がる。

学校で、いや黒崎で一目置かれる！

オッチャンが集まったやじ馬小学生に代わる代わる叩かせてみる。オッチャンと目が合う。「ほなボク、鐘叩いてみるか？」。きた～！　とうとう僕にチャンスが来た！「うん！」。公園の遊具にぶら下げられた鐘に近づく僕。出だしは鐘、続いて小太鼓、大太鼓と続く。オッチャンの合図で僕が鐘を叩く。その3秒後、「ストップストップ、ボク交代」。あっさり、オーディションに落ちた。焼き鳥もコーラも浴衣の女子も、夢と消えた梅雨だった。

鈍牛倶楽部

1980年、僕は俳優を目指し上京した。一応、大学に入ったので、私鉄沿線の某駅の学生下宿に入った。大学生ではあるけれど、早く俳優として仕事がしたかった。早くあの楽しい現場に行きたかった。映画『博多っ子純情』での経験が全てだった。迷い無く、早く飛び込みたかった。

そんな時、松竹の方から『男はつらいよ』のお話をいただいた。渥美清さんが唄う、オープニングの歌のバックに流れる映像。何げないシーンだが、山田洋次監督に厳しく演出していただいた。おそらくヘラヘラしていた僕に、プロとしてやっていくなら、しっかり信念持って真摯に挑みなさい！　と教えたかったのではないかと思う。撮影は半日、監督に叱られながらだが、久しぶりの現場を楽しんだ。そして、それを観た『博多っ子純情』のスタッフの方が「光石が、東京に出てきて、俳優になってる！」と僕を探し出してくれた。いきなりの電話にビックリしたが、呼ばれた撮影所に行くと、博多っ子の時のスタッフの方々が笑顔で迎えてくれた。「今、オレたちがやってるテレビの青春ドラマに出してやる！　それには事務所が必要だから、紹介してやるよ」と何もかも、準備していただいた。大学なんて行ってる場合では無かった。

あれよあれよと僕は青春ドラマに出ることになり、事務所が決まった。鈍牛倶楽部《どんぎゅうくらぶ》。今の國實《くにざね》社長と緒形拳さんがつくった事務所で、小林稔侍さん、吉田日出子さんが所属していた。そこに、ポツンと入れていただいた。國實社長はまだ20代後半でバイタリティーにあふれていた。営業にもお食事にもよく連れて行っていただいた。緒形さん、稔侍さん、日出子さんの現場にもバーターで沢山入れていただき、なんとなく、ヨチヨチと僕の俳優生活が始まった。本当に何もかも、皆さんのおかげだ。

國實社長ともあれから40年。まだまだお世話になっている。この歳になっても、出会った頃の関係性のまま、続いてる。これまた、叱られながら続いている。

破天荒で自由な父

うちの父は京城、今のソウルで生まれたそうだ。ひいお爺ちゃんがやり手で、ソウルにかなりの土地を持ってて、それをお爺ちゃんが管理していたらしい。なので父は何不自由なく幼少期を過ごしたと聞く。しかし、小学校6年生の時に終戦、着の身着のままソウルからプサン、プサンからやっとのことで博多港に到着。それは、大変な道のりだったそうだ。そして博多のひいお爺ちゃんちで1年過ごしたあと、佐賀で中高に通う。

卒業後、八幡製鉄に就職し八幡に来た。

サラリーマンでサッカー部に入り、実業団リーグでやっていたが、けがでやめてその後、山岳部へ入り、雪山へ登ったりロッククライミングをやったりしていた。

幼い頃の僕のイメージでは、仕事はそっちのけで、遊びに全力だった。母は大変だったろう。僕が生まれるちょっと前、母と結婚して間もない頃、鳥取大山の雪山で雪崩に遭い、遭難したことがあったそうだ。夕方に埋まり、翌日の朝10時に救助された。足を複雑骨折し鳥取で3カ月、八幡に帰ってきて1カ月入院したらしい。その時のことを母は、本当に心配で大変だったといつも漏らしていた。さらに次の年、また雪崩に遭い埋まる。幸いその時は数時間で救助されたが、2年連続埋まり、当時大山ではちょっとした有名人になったそうだ。

その後もスキーをやったりゴルフにハマったり。仕事をやめ喫茶店をやったり。60歳になると、ますます趣味の世界へ。陶芸は本格的で、器を作る轆轤《ろくろ》の小屋を作り、別の小屋に窯を2つ構えた。絵を習い、韓国語を習う。自分の生まれ育ったソウルへ、度々赴いている。

しかし、元気でいていただき、本当に感謝しています。

先日も電話があり「研くん、いつ帰って来るね？　そろそろ携帯替えたいんやけど。アイフォンの新しいのが出たげな。あれがいいね！　よろしくおねがいします！」。まったく恐れ入ります。

坂の上のたこ焼き

北九州市の黒崎・八千代町から陣山に続く道の、坂のてっぺんに屋台のたこ焼き屋さんがあった。山口さんちのおばちゃんのお店で、通称「おばちゃんのたこ焼き」とか「坂の上のたこ焼き」とか呼ばれていた。おそらく僕が幼稚園の頃からあって、30年以上やられていたと思う。

僕が覚えているのは、5個10円。小学校低学年の頃だ。それから4個10円、3個10円となっていくが、とにかく安くて美味しくて子どもたちのたまり場だった。小窓から中を覗き、おばちゃんの仕事を見る。

まずはたこ焼きの鉄板にキジを流す。頃合いをみてタコを入れる。ここでおばちゃんの隠し味、お醤油を少々。ジュワーと醤油の焦げたいい香りが、覗いてた顔を包む。そしてキャベツを入れてキジを足して、コロコロとひっくり返す。おばちゃんが慣れた手つきでコロコロコロコロコロ。できあがるとお皿に入れ、特製ウスターソース！　これが独特で旨い。カツオ粉をかけてできあがり。熱いうちにホフホフと頂く。ヤカンに入った水を湯呑で飲みながら。旨い。

そしてもうひとつのレシピが、おばちゃんとのお喋りだ。おばちゃんはいつも元気でよく喋る。子どもたちは、勉強の愚痴や家のこと、恋の話や町の噂をおばちゃんと楽しく話す。褒めてもらったり励まされたり。時には叱られ諭される。

今考えると、親と先生以外で、もっとも近い大人の人だったかも。親にも先生にも相談できないこと、言えないことを聞いてもらってた。「ま、学校も大変やろけど、頑張んなさい。みんな大変なんは一緒やから。大人になっても大変は大変なんやから」。なんだかそんなこんなを言われ、妙に納得した覚えがある。

時々大人の人も、屋台の横に車をちょこんと止め、小窓に顔を覗かせ、たこ焼きを頬張りながら、おばちゃんとお喋りをしてた。町のみんな、おばちゃんに指南してもらっていたのかなあ。黒崎のたこ焼き教会の告解屋台。残念ながら今は無い。

黒崎弁の探偵

僕は子どもの頃からふざけていた。

ピンキーとキラーズ、コント55号にザ・ドリフターズ、山本リンダにフィンガー5。『金曜10時！うわさのチャンネル!!』『テレビ三面記事 ウィークエンダー』。『太陽にほえろ！』に『傷だらけの天使』。毎日テレビにかじりつき見ていた。いつからかマネをして、学校の教室で披露していた。とにかくクラスの皆が笑ってくれるのがうれしかった。学校の先生のモノマネもよくやった。数学はできないけど、数学の先生はできた（笑）。

中3の冬の学芸会、クラスで劇をやることになった。その頃はもうみんな進路も決まり、この劇が中学校生活の最後の思い出になるようにと、クラス全員で結束して臨んだ。演出は学級委員長のH君。脚本は薬局の梶木君。そのストーリーは、黒崎の国王が汚れた洞海湾を愁《うれ》い、海をキレイにする薬を開発するように博士に依頼。

その薬で金もうけしようとする悪の結社が出てきて横やりを入れる。結局、悪の結社は探偵に捕まり警察へ。海もキレイになりめでたし。なんだかそういう環境問題に切り込んだ意欲作だった。

梶木君は博士役。彼は今、企業で人工知能を研究し立体テレビで博士号をとった。博士役が本当に博士になった。僕と親友の平尾君は、悪の結社を追い込む探偵。所々に出てくるサブキャラだ。細かいことは覚えてないが、僕らのところはストーリーから外れない程度に、2人でアドリブで作ったのは覚えてる。みんな劇となると、いわゆる演劇調のセリフ回しになるのが嫌で、僕と平尾君は普段の黒崎弁でセリフを言った。そして、ジャマにならない程度にギャグも入れた。

勉強はいまいちだったが、子どもの頃からのおふざけが実を結び、ウケにウケた。

卒業式の時、僕のことを叱ってばかりいた現国の女性の先生が寄ってきて「光石君、あの劇のあんたはすごかった！　あんたは役者の道に行きなさい！」と言った。

その2年後、映画『博多っ子純情』のオーディションに受かるとは誰も知るよしがない。

坊主頭で良かった

北九州市の黒崎小学校の東側に住んでた僕らは、だいたい同じ床屋に通っていた。駄菓子屋のモリモトさんのお隣、理容室ソギ。ソギさんの奥さんとそのお姉さんでやってた、姉妹理容室だ。店内は白いタイルが使われていて清潔感いっぱいで、シェービングクリームのにおいが好きだった。確か子どもには50円のキャッシュバックがあってうれしかった記憶がある。

中学生くらいになると色気づき、「おばちゃん、前髪はも少し長めにしちゃり。もみあげと襟足はあんまり刈り上げんでください」と注文すると「そおやね、ケンちゃんも中学生のお兄ちゃんやもんね。もう大人やもんね、わかった、カッコよくしちゃる」と言うものの、できあがりは小学校の頃と変わらない、いつもの何の変哲も無い髪形だった。それでも毎月通って毎回同じ会話をして、同じ髪形で帰った。初めて坊主頭にしたのもソギ理容室だった。

中学校を卒業し、どうにかこうにか私立の東海大五高校（今の東海大福岡高校）に入学が決まった。行ける高校があってホッとしたのだが、五高は男子は全員、坊主頭！　今じゃありえないが、当時でもかなり特殊だった。たぶん県内で五高だけだったんじゃないか。

16歳からの3年間なんて、なんだったら人生で一番髪形を気にする年代だ。それこそ、床屋の2ミリの切りすぎが気になったり、朝のセットが決まらず登校したくなくなったりのお年頃だ。しかし、なんとか拾ってもらった唯一の高校。行かないわけにはいかない。入学式の日、坊主頭の男子が揃う。坊主頭の自己主張、アイデンティティは限られる。額にそり込み入れたり、もみあげをちょっと長めにしたり。はた目にはわからないが本人にとっては大問題だった。

そんな高校時代に合格した、映画『博多っ子純情』のオーディション。よその高校に行ってたら、わざわざ原作の主人公と同じ坊主頭にしてまで受けてないだろう。誘ってくれた友達にも出会わなかったろう。坊主で良かった。宗像の東海五高に来てよかった。ちなみに母方の先祖は宗像だ。全てのご縁に感謝する。

天国の母へささぐ

母は北九州の黒崎で生まれ育った。よそで暮らしたことのない生粋の黒崎っ子だ。黒崎が大好きで黒崎に誇りを持ってた。一緒に住んでた母の母、おばあちゃんは宗像出身で、宗像弁だった。父は韓国のソウルで生まれ、12歳の時に終戦で引き揚げてきて、中高と佐賀で育ったので筑後弁。僕は北九州弁と宗像弁のバイリンガル。母は僕らの言葉を「訛《なま》っとる！」と嫌がった。自分だって北九弁なのに。母は明るく天然ボケの人で、周りの人を愉快にしていた。母が逝って40年になる。

「ママ、そっちはどうね、もう何年になるかね？　長いね。病気が見つかった時は本当に驚いたあ。でもあの時分、俺は経済的にも精神的にも余裕が無かったけん、なーもしてやれんやった。ごめん、ごめんね。ママの方が気を遣って、病室の枕元から財布出して『ほら、ここにジーとしとらんで、なんか食べてき。あそこのウナギ美味しいばい』ち言うて1万円くれたよね。

ママはいっつも自分のことは後回しにして、パパと僕のことを優先してくれたよね。誰よりも早よ起きて、誰よりも遅お寝よったよね。仕事の愚痴を言う俺に『ややあ言わんで、いただいた仕事を一生懸命やんなさい！　周りの皆さんに迷惑かけんで、愛嬌持って接しなさいよ』。よう言いよったよね。ママの教えやろか、おかげで今みんな、良うしてくれるよ。ママの血やろうね、天然ボケをかまして、よう笑われよるけど、みんなが笑ってくれるとなんかうれしんよね。そう、もう今年で還暦バイ。びっくりするよね！　あん時反対もせんで送り出してくれてありがとうネ。そうよ、俳優なってもう40年過ぎたばい。おかげさまで最近は、仕事いっぱいもろうとるよ。ママが一番心配しとったよね。

ごめんね。本当はママに一番見せたかったんやけどね。それだけが残念やね。でも、あれもこれも全部、ママが導いてくれたと思うとるよ。ありがとうね。あ、そっちにお世話になった先輩がいっぱい行っとるけ、挨拶しとって。よろしくネ！」

九州で生まれて

俳優を始めた頃、映画もテレビドラマも今より予算があったのか、よく地方ロケに行った。ドラマの撮影で、北海道を2カ月以上移動しながら撮影したことがあった。映画の撮影では、四季折々の季節を撮るため2年越しで、それぞれの季節に1カ月以上滞在したこともあった。2時間ドラマでは、ご当地ネタを織り込み、有名観光地を舞台に事件モノをよくやった。

その都度、地方の街や村、山や海、観光地や僻地に滞在するのだが、いつも福岡県のどこかと比べてしまう。ここは黒崎より大きいとか、ボタ山があって飯塚に似とるとか、自然がいっぱいでおいしい野菜が採れて、うきはにソックリとか。

同行した人の中に福岡県人がいたら、それはそれは盛り上がる。「ここより博多の方が都会やね！」「光石さんは北九やけん、ここの工場地帯見たら懐かしかろ」「ほら見てん、みこしに女の人が出とるバイ。博多じゃありえんね」などなど。

そして、食に対しても比べてしまう。「くわー、こげな刺身出しよったら、福岡やったらつぶれるバイ」「見てん、このうどんのつゆ、こりゃあんた醤油漬けやないとバイ」「ここの地方の焼き鳥屋は豚バラが無いげな、信じられ〜ん。砂ズリが砂肝げな。なんか調子の狂うね」

どうにも僕のグローバルスタンダードは福岡県のようだ。どうしてもここから抜け出せない。もうはるかに東京生活の方が長いのに、いまだにこの物差しは変わらない。仕事で日本中行っても、やっぱり福岡のお刺身が旨いし好きだ。焼き鳥屋もうどん屋もラーメン屋も福岡が一番だと思ってる。

これはもうしょうがないことだ。だって九州で生まれ、九州の土に触れ、九州の日を浴びて育ち、九州で食してきたのだ。父方も母方も、みんな九州だ。この血はそうやすやすと変えられないし変われない。正々堂々、大声で宣言しよう！

僕は九州が好きだ！　福岡が好きだ！

2.

Groovin'

ちょっとした愉しみ

飲兵衛への道

仕事が休みの日の夕方、なんとなくソワソワし始める。さて今日は何をおつまみにお酒を頂こうかしらと、思いを巡らす。

一端の飲兵衛のごとく書いたが、実はお酒を覚えたのは40歳前後から。若い頃、お酒の呑める大人に憧れ随分練習してみたりした。職業柄呑みの席も多く、頑張って呑んでみたものの大概真っ赤になり、ズキズキと頭痛に襲われダウンするパターンだった。父もほとんど呑めず、母に至っては、お猪口のビールで倒れた人だ。ま、家系だから仕方ない、呑めなくても楽しい遊びはいっぱいあるもんね！　と半ば諦めていた。しかし、当時の映画屋さんは厳しく、呑めない僕を捕まえて「お前さんは人生半分損してる！　全く遊びをわかってない！　役者はノムウツカウやで！」と打ち上げの居酒屋で絡まれた事があった。当時は仕事も少なく、将来への不安から悶々としていた時期だけに内心「あのね、貴方がたとは遊び方が違うのさ！」と思っていた。
37、38歳の頃からだろうか、なんとなく仕事が増えちょっとずつ忙しくなってきた。それに合わせて我が家の習慣も変わり、作品が終わる度に自宅打ち上げをするようになった。いつもよりちょっとだけ良いおかずで、それに合ったお酒をちょっとだけ頂く。初めの頃はビールコップ1杯からだった。それがちょっと経つと、白ワイン2杯位呑めるようになっていった。
あら不思議！　ちゃんと食べながらだと呑める！　ゆっくりゆっくり呑めば呑める！　量とペースを考えれば呑める！

美味しいおつまみに美味しいお酒の味を知ってしまった。そして何より、それが仕事のクールダウンになりリラックスに繋がって、次の作品への活力になっていった。

そして40歳になった頃新しい俳優仲間ができ、今まで家呑みオンリーだった僕を居酒屋の世界へ誘ってくれた。「光石さん行きましょ」「え、でも俳優はノムウツカウやでって言うでしょ?」「そんな事言いませんよ」。さて、その俳優とは――。

哲ちゃんに誘われて

俳優、田中哲司氏が僕の所属する事務所に移籍してきて、もう20年くらいだろうか。

当時事務所には同世代の俳優は所属しておらず、同じ映画に出演したのをきっかけに、僕らは仲良くなった。「光石さん、お酒呑むんでしょ？　呑みに行きましょうよ！」「外じゃ呑まないんだよ。外で呑むと絡まれるでしょ？」「ハハハッ、そんな事しませんよ。美味しい居酒屋さんあるので！」

ここからである。ここから僕の外呑みが始まった。哲ちゃんは、舞台界では有名な酒豪で、若い頃の武勇伝も多い人だった。酒好きなだけに本当に美味しいリーズナブルなお店を知っていた。そして友達も多い。哲ちゃんの計らいで、小林薫さん、岩松了さん、大森南朋さん、荒川良々さんなどなどと年に数回集う「薫会」が開催されるようになった。演技論などは皆無で、もっぱらヨモヤマ話に終始し、酔うと毎回同じ話で大笑いする。

会が始まったばかりの頃、「ほら光石、なんか好きなモノ頼めよ」と言った薫さんは、「んじゃ唐揚げに野菜炒め、あ、焼きそばもお願いします」と頼んだ僕に「アホか！　部活帰りの腹ペコ中学生かお前は！　まずは、季節の小鉢とか旬のモノを聞いて、ゆっくりゆっくり呑むんやアホ！」

なるほど、大人の呑み会ってそういうものなんだ。初めにお腹に入れて呑むんじゃないんだ。薫さんは続ける。「ええか、最初のビールも喉を潤す程度や、そこから今日の料理に合わせておのおの好きな酒呑むんや」

さすが40数年1日と空けず呑み続けている強者だ。立ち飲みのカクウチから銀座のクラブまで知り尽くしている。それにしても舞台系俳優さんは酒好きが多い。やはり本番が夜だから朝もゆっくりになり、毎日呑んでいる。

薫さん、哲ちゃん、皆さん、大人の世界を教えていただきありがとうございます！　お陰様でほぼ毎日、ちびりちびりと晩酌を楽しむようになりました。

でもまだ、なんかお腹に入れてからじゃないと呑めないけど。

博多の愉快な夫婦

九州での仕事は楽しい。福岡だけじゃなく、九州のどこでもいい。九州に帰ると共通言語がある感じがする。方言のことも多少あるが、なんかもっと感覚的な、手触りみたいなものかもしれない。「水が合う」って感じ。九州のお仕事は、何をさて置き行かせていただく。いつも予備日をいただき、何泊か余計に泊まる。博多を起点に黒崎に帰ったり、お袋が眠る佐賀のお墓にお参りに行ったり。佐賀では、駅を下りお堀の脇にあるお寺さんまでプラプラ。優しく流れる水路の横をのんびりそぞろ歩きすると、ちょっとした旅気分を味わえる。

博多へ戻ると、待ち受ける友達夫婦がいる。

僕より歳下の若いご夫婦で、20歳の年の差婚。飲食店を経営する2代目社長。こう書くと、ギラギラしたセレブに聞こえるが、それとは真逆の純粋な気の良い博多っ子だ。毎日お店に立ち、素敵な笑顔でお客様をお迎えする。本当に堅実で、結婚してもまだ1人暮らしをしていた頃からのワンルームに、若い美人の奥様と住む。

前に一度、待ち合わせ場所で待ってると、ご夫婦で軽トラで現れ、窓から顔を出し「すいまっしぇん、道の混んどりまして」「大丈夫大丈夫。ああ、店の車で来たと？」「いや、車はこれしか持っとりまっしぇん。すぐ車停めて来ます」。助手席の若奥さんとともに走り去る軽トラ。すまん、どう見ても誘拐犯に見える（笑）。はたまた弱みを握られた美女が脅されて連れ回されてるようだ。

先日ももつ鍋を食べたあと「結婚式のお祝いビデオありがとうございました。御礼もまだやから、2軒目は自分たちに任せてください」「いやいや、いいよいいよ」「何言いようとですか、博多に来た時は、ビシーッとお相手させてください！」。でもその日はあいにくの月末土曜日。行く店行く店満員。途方にくれた彼が「あ！1軒有ります！」。付いていくと、マジックバーだった。数時間後、僕の両肩に大きなオウムが止まっていた。こんな愉快な若夫婦のいる九州が大好きだ。

煙草には頼らない

２００５年８月31日、この日僕は、ピタリと煙草をやめた。

その日は、ＮＨＫドラマ『クライマーズ・ハイ』のセット撮影のため、緑山スタジオにこもっていた。佐藤浩市さん、岸部一徳さん、杉浦直樹さん、綿引勝彦さん、塩見三省さん、大和田伸也さんなどなどソウソウたるメンバーで朝から深夜まで、連日ハードな撮影が続いていた。設定が１９８５年の新聞社なので、セット内をワザと煙草の煙でモクモクさせる。喫煙者はスタッフキャスト関わりなく、僕もここぞとばかりにモクモクに参加する。モクモクが整ったところで本番開始。本番が終わると、セッティングのためいったんスタジオを出て、キャストのたまり場へ。喫煙者キャストはまたここでも一服。もちろん僕もその一員だった。

「なんだか今週はさア、セットの中もここも煙たいし煙草くさいし、参っちゃうよ」と浩市さん。岸部さんが続ける。「彼らはまだまだ、あれに頼ってるんだよ」。そう、岸部さんと浩市さんが煙草をやめていたのだ。そういえば、おふたりともモクモクに参加していない。塩見さんが入ってくる。「え！　2人ともやめたの？　研ちゃん、これは事件だよ！」。煙をくゆらせながら僕「はい？」「何ボーッとしてるの！　この2人は役者の小道具、より所をひとつ捨てたんだよ！　すぐに僕たちもやめよ！」

確かに。煙草を使ってダンディーに見せたり、イライラした芝居に使ったり、わかりやすく表現できる。それを捨てた。確かに事件だ。「塩見さん、すぐやめましょ！松ちゃん、ほら一緒にやめるよ！」。隣で煙草と缶コーヒーで一服していた超ヘビースモーカーの松重豊さんも巻き込んだ。「いやいや、ちょっと待って、楽屋にツーカートンあるとじぇ！」　近くに居た大和田さんも巻き込んで、せいので持ってる煙草をゴミ箱に捨てた。あれから15年。皆さん禁煙が続いてる。

先日の撮影で、若い俳優さんがイライラした芝居の時、煙草を叩きつけ足でもみ消す。坊や、まだまだ頼ってるね。

マラソンを始めてみた

2005年、禁煙を始めて3カ月、僕はすっかり非喫煙者になった。当初は喫煙の夢を見て、吸っちゃった！　って慌てて起きることもあったが、もう大丈夫。煙草のニオイに敏感になった。ん、くさいっ！　と思ったら、5、6メートル先で吸ってる人がいたなんてのはザラである。喫煙所の方々をちょっとさげすむ。歩きタバコなんて言語道断。喫煙者と非喫煙者の生産性の差等を語りだす。ちょっと前まで吸っていた自分を棚に上げて、有識者を気取る。禁煙したくらいで。相変わらずの馬鹿だ。

禁煙には成功したものの、口寂しくて常に何かを口に入れたくなる。撮影現場のお茶場に張り付き、お煎餅やスナック菓子、あめ等を常に摂取。お米も美味しくなり、いつもおかわりするようになった。お酒の量も増えた。あらら、コリャヤバい。このままいったらデブる！　さてどうしよう。当時ジムには通っていたが、ほんのり汗をかく程度で運動量は微々たるもの。走るか？　いやいや、学生時代から、走るのは本当に嫌いでマラソン大会をよくサボった。どうしよう。このままデブるか？　俺の中で俺と俺とが闘う（by クレイジーケンバンド『タイガー&ドラゴン』）。そういえばここのところ、自分に負荷をかける事が無くなった。タバコはやめたものの、もう少しだけ意識を高く保ちたい！　今思えばさすが若さ、今だとできる自信無い（笑）。

一念発起、ランニングを始めることにした。

はじめは近所の公園1周、700メートルをゆっくり走ってみる。しかし、700メートルが精一杯、息が上がる。え、こんなに走れないの？　こんなに走れないとは思わなかった。これまたヤバい。デブるのもヤバいが、走れないのもヤバい。

そこからほぼ毎日、ゆっくり走り始めた。1周が3周になり、5周になった。いつの間にか、10周以上走れるようになり、とうとう公園を飛び出して、緑道や川沿いを走るようになった。3カ月が過ぎた頃、うちの奥さんが、わたしも走ってみようかな〜と言い出した。

『タイガー＆ドラゴン』作詞／横山剣　JASRAC 出 2402539-401

妻がマラソンにはまった

香港の旅行から帰った翌日、妻が「私も走ろうかなあ、香港で食べ過ぎた」と言ってきた。旅の話はまたの機会に書くとして、今回の香港はとにかく食べまくった。3食の他に別腹とか言って、麺を食べたりおかゆを食べたり。「またいつ来られるかわかんないし」と蟹だシャコだ蒸し鶏だ、とフードファイターばりに胃に流し込んだ。さすがの妻もヤバいと思ったのだろう、走ると言ってきた。

妻は基本、文化系なのだが、身体を動かすのは好きで、ジムのスタジオレッスンによく出てた。でも、走ってる姿は見たことが無い。「んじゃ、明日から走ろう。まずは公園の周回コースで自分のペースをつかむこと。僕は3カ月走っているから、そろそろペースをつかめてきている。キミにはちょっと速いだろうけど、僕に無理してついてくることないから。自分のペースを見つけて」。妻にアドバイスを送る良き夫である。

しかし初日。公園1周700メートルを5周、僕について平気で走った。「大丈夫？初日から無理し過ぎだよ」「疲れた～！」。そりゃそうだ。ま、これで懲りて明日からはパスするなと思っていたら、さにあらず。「走ると気持ちいいね！　夜も良く眠れるし！」。すっかり気に入ったようだ。それ以来、僕は休みの日に、妻はコンスタントに、一緒に走ったり、別々に走ったりした。そして1年が過ぎた頃。

久しぶりに一緒に走ったら、完全に彼女の方がペースも速く、安定したフォームで走ってる。あらら、完ぺきに立場が逆転した。彼女は真面目な性格で、地味なことでもコツコツ辛抱強くやれる。性に合ってたのだろう。それ以来、身体もしぼられランナー体型になってきた。「ねえ、湘南テンマイルマラソン、こんな大会あるよ。出てみない？　ネットで応募してみるね！」。すっかりドハマりしている。その後も数々のレースに参加し始めた妻。「あなたはまだフル走ったことないでしょ？ホノルルなんてどお？」。大きなニンジンが目の前にぶら下がった。ホノルルマラソンの話は、またいずれ。

タモリさんのうどん屋

とにかく、うどん好きである！　博多を頂点に、とにかくあの九州のうどんが大好きだ。

優しい出汁に柔らかい麺。おそらく3カ月くらいだったら、飽きずに毎日食べ続ける自信がある。ゴボ天、丸天、エビ天、最高やね！　あっさりとワカメもイイね！

九州の仕事の時は、食べたいモノが多過ぎて、毎回困るのだが、うどんは外せない。ホテルに到着すると、まずネットで近場のうどん屋をリサーチ。ロビーでコンシェルジュの方からの口コミも忘れない。そして食のスケジュールを立て、いつうどん屋へ行けるか決める。

僕は初めて入った店ではまず丸天うどんを注文する。店々の出汁を味わいたくて、あまり出汁に影響がない具にする。次からはゴボ天、エビ天となっていく。九州はうどん屋が多くて、僕にはワンダーランドだ。

30年くらい前、六本木のテレ朝通りに、タモリさんがオーナーの博多うどんの店があった。まだ讃岐うどんも認知されてない時代に、本当に珍しかった。そして、めちゃめちゃおいしかった！　新宿の紀伊国屋の地下食堂街にもあってうまかった。とにかく東京では、なかなか博多うどんが味わえなかった。

最近は少し増えたものの、まだまだ身近じゃない。それならばと、作ってみたことがある。カツオと昆布、椎茸などで出汁を引き、酒と醤油で味を整える。が！　が！整わない。てか、わからない。小皿で味見しても、薄いのか濃いのか？　正解なのか不正解なのか？　博多なのか、香川なのか？　とにかくどんぶり一杯の味が想像できない。例えば、ちっちゃな端切れでスーツをオーダーして、すごいチェックのスーツができるような。この壁紙かわいいとオーダーして、すごい柄のお部屋になるような。本当に難しかった。できたうどんは、半年くらい海外を放浪し、一度も日本食を口にしなかった人には絶品だったかもしれない。

こうなったら、タモリさんにもう一度、うどん屋を出していただくしかない。

ニューヨーク珍道中

あの頃バブルだった。世の中全体的に浮かれ、派手だった。映画やドラマも予算があって海外ロケへも頻繁に行ったりしてた。同じ事務所の緒形拳さんが、ドラマのロケで1カ月以上、パリに行くことになった。同行の事務所社長、國實《くにざね》さんが「パリで10日間休みがあるから、ニューヨークにコンコルドで行くのよ。だから光石、ニューヨークいらっしゃい。あなた、ニューヨーク行きたいって言ってたでしょ？」。バブルだ。すごい。「はい！　よろしくお願いします！」。思わぬ展開だったが、ニューヨークに連れて行っていただくことになった。緒形さんたちはニューヨークに1週間の滞在予定。僕はその前日にニューヨーク入りして、社長と緒形さんがパリに戻るのを見届けて、もう1週間滞在する。憧れのニューヨーク。ワクワクだった。

しかしニューヨークでは幾つかのミッションがある。まず、パリから入る緒形さんと國實さんをリムジンで空港に迎えに行くこと。リムジンはすでに予約しているので、それに乗って空港に行き、おふたりをお待ちすればイイ。ポケット英会話本でなんとか空港に着く。しかしだ。待てど暮らせどコンコルドが来ない。どうやらコンコルドが遅れ、何時になるかわからないとのこと。リムジンにもタイムリミットがある。どうするか？　困っているとリムジンのドライバーさんが「コンコルドはいつ来るかわからない。時間まで観光行こう！」と誘ってくれた。リムジンに1人乗る僕。さしずめ、不動産投資家の馬鹿息子って感じか。

しかし流れる景色はまさにマンハッタン、見るもの全て感動した。ホテルに着きドアを開けていただき降りる。すっかり高揚した僕にドライバーさんが「ハブアグッドトリップ」とウインクした。ニューヨークカッコいいな〜とウキウキとロビーに入った。

「光石！」。後ろから大きな声。社長だ！　ミッション忘れてた。「すいまっしぇん」「あんたいないからタクシーで来たわ。全く使えない！」「いやあのリムジンが」「もういい、ほらご飯行くよ！」。緒形さんが横で笑ってた。珍道中は始まったばかりだ。

続・ニューヨーク珍道中

ニューヨークの日曜日。5月のそよ風が気持ちいい朝だった。緒形拳さんが泊まるホテルへ社長と出向く。ホテルはセントラル・パークの真横で、窓からどこまでも続く長方形の公園が見渡せる。ザ・マンハッタン！

緒形さんのお部屋でモーニングをいただきながら、今日の予定を決める。

「今日は私、ホテルの部屋でゆっくり仕事したいから、緒形さん光石と出かけてください」と社長。「じゃ光石、今日野球やってるだろう、観に行こう。ちょっとフロントで調べて来てくれ」。ヤバい、朝飯どころじゃない！

すぐにホテルのフロントへ行き、ポケット英会話を駆使して野球の予定を聞く。すると、シェイ・スタジアムでニューヨークメッツのデーゲームがある。とりあえず、緒形さんと2人で出かける。地下鉄に乗り、スタジアムへ。チケットを購入するも、3階席の一番上。「光石、これじゃ選手が黒人だか白人だかわからないし、そもそもボールが見えん！　なんとか前の席にしろ！」。全くわがままな先輩である。余りの必死さで記憶が曖昧だが、数人の警備員に10ドル札を渡し、何とか2階席の一番前に行った覚えがある。

試合終了後、わがままな先輩は、ソーホー（芸術やファッションの街として有名な地区）のギャラリーに行きたいと言い始めた。社長との約束は野球だけ。当時は携帯も無い。しかしまだ夕方だし、そもそも緒形さんとこんな時間を過ごすことなどそうそうない。ま、いいやと緒形さんとソーホーに行くことにした。

ソーホーに着くなり、当時流行のボトラーズに遭った。故意にぶつかって、ワインボトルを落とし金を巻き上げる輩。ビビった。すぐに20ドル札を渡し、何とか逃れた。「おまえ、渡し過ぎだよ」。いやいや先輩、自分必死っす！

ホテルに帰ると社長がカンカンだった。「どこ行ってたの！　心配したでしょ！何時だと思ってるの！」「すいません！　あの〜、緒形さんが、あの〜。いや、なんでもないっす、すいません！」

また、緒形さんが横で笑っていた。

タイの料理と映画人

2005年、タイ映画のお話を頂いた。ペンエーグ・ラッタナルアーン監督の『インビジブル・ウェーブ』。主演は我らが浅野忠信さん！　愛する女性（ボスの妻）をボスの命令で殺《あや》めてしまった男のロードムービー。僕はその男（浅野さん）を追うボスの手先役。

香港ロケから始まり、マカオ〜タイ・プーケット、バンコクと1カ月以上ロケに参加した。香港は1週間程度、残りは全てタイに滞在となった。実は東南アジアは初めて。食が合うか心配で、カップ麺を幾つもスーツケースに忍ばせて行った。結果から言うと全くの無駄だった。

最初に感動したのがチャーハン。タイ米独特の香りがクセになる旨さで、上にのったパクチーと一緒に口に運ぶと、めちゃめちゃ旨い！　日本じゃパクチー苦手だったのに、タイだと食べられる！　タイの気候と環境が食とシンクロしてる感じ。パッタイも、空芯菜炒めも、ラーメンも旨い旨い！

そして何より、スタッフの皆さんが最高！　陽気で明るくいつも笑顔が絶えない現場だった。「ケン、何か困ったことはないか？」と常に気に掛けていただき、日本でも味わったことのないホスピタリティだ。日曜日は必ず休みで、土曜日も隔週で休み。映画のユニオンがしっかりしているらしく、1日の撮影時間が決まってるそうだ。撮影と撮影の間も、決まった時間を空けないといけないから、夕食もゆっくり食べられるし、ホテルでゆっくり休める。

土曜日はパーティー。と言っても大げさなもんじゃなくカジュアルな飲み会。呑んで食べ踊って。みんなそれぞれ楽しんでる。日曜日はメンバー募ってビーチへ。助監督さんは自前のゴルフセットでゴルフを楽しんでた。日本じゃ考えられない。とにかく、今こうして導かれ集まったんだから、楽しまなきゃ！　って感じ。全く正論で、撮影現場の理想型だ。

それ以来タイにハマり、当時のスタッフを頼って訪れている。「ケンどこ行きたい？」。今でも最高のホスピタリティだ。

ホノルルマラソンへ

初めてハワイに行ったのは1983年、松竹映画『いとしのラハイナ』でだった。寅さんの併映いわゆるB面だったが、ぜいたくなオールハワイロケ、いい時代だ。ただ、老舗中の老舗松竹映画、リゾートだからってはしゃげず、粛々と撮影した感じだった。遊びに来ているわけではない！　我らは松竹映画の撮影に来ているのだ！　日焼けなど言語道断、役のことだけを考えていたら良い。何とも20代前半の僕には酷な話だ。

2度目のハワイはその30年後、2013年に知人の結婚式参列のため訪れた。30年前の酷な思い出とは真逆な、それはそれは楽しいハワイだった！　ワイキキは都会だし、その裏がすぐビーチ！　表参道のビルの裏がビーチって感じだ！　ちょっと車を走らせれば大自然が待ってる。夕陽を見ながらのビールなんて、最高なロケーション。ステーキもロコモコもフリフリチキンも最高に旨い！

3度目のハワイは意外な形で巡ってきた。夫婦でランニングにハマっていた数年前、ホノルルマラソンへの参加を妻が持ちかけてきたのだ。それこそ20代の頃、ホノルルマラソンのドキュメンタリー番組を見て感動して、いつかは参加してみたいと思っていた。これは断る理由がない。

ホノルルマラソンは制限時間がなく、無理せず楽に参加できる市民マラソンだ。ここでフルマラソンデビューするのは最高のシチュエーションかもしれない。12月の当日まで、まだ半年以上ある。ゆっくり調整すればイイ。何とかなるだろう。早速、事務所にも伝え休みをいただき、妻の提案に乗ることにした。

僕の妄想が始まる。

マラソンを走ったあと、ビール片手にゆっくりとホテルのプールにつかり、大会を振り返り、自分を褒めてあげる。街を歩けば、見知らぬ完走した者同士が、「コングラチュレイション、グッジョブ！」などとハグし合う。

走ったことのないロコは「ユア、ヒーロー！」などと称えてくれる。サーファーガールもイチコロだろう！

出るのは愚痴ばかり

2015年12月13日。ホノルルマラソンの朝は早い。朝5時スタート。夜中の2時半に目覚ましが鳴り、眠い目を擦りながら起きる。前日買っておいたおにぎりを頬張りながら、今日の挑戦に思いを巡らす。期待と不安でおにぎりの味がわからない。装備品を確認して、いざ出発。予約しておいた乗り合いタクシーでスタート地点へ向かう。

常夏とはいえ、早朝のホノルルは肌寒い。Tシャツの上にゴミ袋で作ったポンチョを羽織り、スタンバイ。すでに多くの人が集まって、ウォーミングアップしたり、円陣を組んで雄叫びあげたり、動画や写真を撮ったり、思い思いに大会を楽しんでる。カウントダウンが始まる。5、4、3、2、1、ゼロ!

号砲と花火でスタート。とにかくすごい人の数で、なかなか進まない。僕ら夫婦はそれを避けようと、隙間隙間を走り進んだ。朝焼けの20キロ地点までは順調だった。ちょうど高台で、海から上がる朝日は本当に綺麗だった。住宅地に入ると、沿道の応援も楽しく、ランナーたちを元気づけている。

しかし30キロ過ぎから、ピタリと足が出なくなった。前半のオーバーペースがたたった。陽も高くなり、暑さも増してきた。出るのは愚痴ばかり。「あれ、さっき水のマークあったでしょう? 何で水ないの!」「何で後半にこんな坂をコースに入れるんだ!」と、ひとりごちる。「ほら、キレイな山!」とか「ほらチアリーディングがいるよ!」と気を紛らわせてくれる妻。すまん、それどころではない。足の痛みはピークだったが、何とかゴールできた。5時間40分。

這うようにホテルに戻り、クールダウンのためプールへ。多少冷静になり思い出す。後半、走るより先に愚痴が出ていた。みっともない。なんて了見が狭い男だ。何がハグだ。何がヒーローだ。情けない。タイムは関係ない。ひたむきに我慢強く、懸命にゴールするランナーを見ると感動する。しかし、こんな自分じゃ感動しない。よし! もう一度! とリベンジを誓った。横で妻が笑ってうなずいた。

感無量の北九州マラソン

翌年、再度ホノルルマラソンに挑戦した。しかし、タイムは早くなったものの、30キロ過ぎからまた足が止まり、這うようにゴールした。サブ4（4時間を切るタイム）で走る人たちは、ゴールが午前9時前後なので、まだ比較的気温は低い。だが僕のような永遠の初心者は、正午近くになるのでめちゃくちゃ暑く、体感30度以上な感じだ。僕は暑さに弱く体力を消耗する。まあそれでも前年ほど愚痴も出ず、2年連続完走できたので満足だった。

ホテルに帰り、プールでクールダウンしながらフッと次の目標が思いつく。わが故郷の北九州にもマラソンがあるじゃないか！　北九州マラソン！　あれは2月だし暑くない。逆に寒いと聞くが、暑いよりマシだ。コースを調べると、海沿いのほぼアップダウンの無いなだらかなコース。これはいっちょ挑戦してみるか！　と帰国後、早速知り合いに連絡してゲストランナー枠を得た。そしてホノルルマラソンから2カ月後の2017年2月、北九州マラソンに出させていただいた。

当日、2月の後半にしては幸い気温も高めで、風もほぼなく、絶好のマラソン日和。「今日は楽しみましょう!」と1万人のランナーに挨拶させていただいた。地響きの様なオー!　身震いした。走りだすとコースには、パーフェクトなケアをしてくださるボランティアの方々、ほぼ42キロ途切れることなく沿道を埋め尽くし、休みなく大声で応援してくださる皆さん、スポーツドリンクやお菓子、パンや果物、小倉牛まで提供してくださったいろいろな企業の方々。本当に驚き、感激し、走りながら目頭が熱くなった。

それに加えてゲストランナー枠のおかげで、伴走してくれる方（僕と同じ高校出身の青年だった!）がついてくれ、楽しく楽に走ることができ、感謝してる。久しぶりに味わう地元での祭で、あらためて祭好きの県民性を実感した。次は福岡マラソン。こちらも手厚いホスピタリティで有名な大会だ。是非、挑戦してみたい。僕も今年（2021年）で還暦だ。還暦マラソンは糸島でゴールもいいかも!

仔犬がかわい過ぎて

小学校低学年の頃、わが家に仔犬がやってきた。叔母さんちで生まれた仔犬の1匹だ。白いマルチーズ。名前はルル。由来も名付け親もわからないが、いつの間にかルルだった。

両親は共働きだし、家にいるおばあちゃんは溺愛だし、僕は遊び仲間。誰もしつけなんかしないから、自由奔放に育った。朝夕の新聞屋さんに向かって行くのは毎日だし、遊びに来る僕の友達にも襲いかかった。文房具屋の黒木君は噛まれて、お母さまが怒って乗り込んできて、お袋が謝ってた。でも、兄弟のいない僕にとっては家での良い相棒だった。ま、世話はしなかったがいっぱい遊んだ。ルルは長寿で18年くらい生きた。

2014年の2月。人生2匹目の犬を飼うことになった。妻が「犬欲しいから、いつ来るかわかんないけど、知り合いにお願いしてきた」と言ってきた。ルル以来飼ってないし、僕も飼いたいなと思っていた。「たぶん今年の秋辺りだと思うって」。なるほど、秋だと半年あるし、いろいろ調べて準備できるな、ふむふむ。などと余裕かましてたら「ね、さっき電話があって、別ルートで1匹仔犬がいるって！　見に行ってみない？」と妻。え、そんな急に！

2人で見に行くとそこには、小さな小さな、真っ黒いトイプードルがいた。両手のひらにスッポリとおさまる仔犬。ヤバい、めちゃめちゃかわいい！　その場で契約し連れて帰ることになった。急だったので何の準備もしていない。その場で必要そうなモノを買って帰宅。子どもの頃飼っていたとはいえ、世話なんかしていない。全てお袋にお任せだった。ネットで調べたり、本を買って読んだりした。

仔犬のしつけが始まった。お座りとお手、おかわりは覚えてくれた。しかしその後はぱったり。僕らも、無理強いは躊躇してできない。溺愛だ。この子が吠えるのも粗相するのも全て僕らのせいです。この子は悪くありません。だって、だってこんなにかわいいんだから。

生まれ変わったら歌手になる

連続ドラマが終わりに差しかかる頃、制作部からチラシが渡される。打ち上げのお知らせ、2次会はカラオケ大会！　とある。「光石さん、盛り上げちゃってくださいね！」

一抹の不安がよぎる。歌は大好きだ。自宅のレコード、CDコレクションを見ていただければわかるように、自他ともに認める音楽好きである。しかしだ。自分が唄うとなると、話は変わってくる。まず、歌が下手だ！　センスもない。そして恥ずかしい。人前で唄うのがめちゃめちゃ恥ずかしい。俳優が何を、と思われるだろうが、俳優は役だ。自分じゃない。歌は自分だ。生身の自分がさらされる。あの間奏が怖い。間奏中どんな顔をしていれば良いのか。

しかし実は唄いたい。でも打ち上げを盛り上げるようなアニメソングもコミックソングも唄いたくない。自分の歌唱力は棚に上げ、僕はあくまで、山下達郎さんや、鈴木雅之さん、はたまた玉置浩二さんのように熱唱したいのだ。聴かせたいのだ。マーチンさんのようにアダルトに『Guilty』を、達郎さんのようにファンキーに『WINDY LADY』を、玉置さんのように魂で『サーチライト』を唄いたい！

もっと言おう。大橋純子さんの『たそがれマイ・ラブ』を、竹内まりやさんの『シングル・アゲイン』を、マーヴィン・ゲイの『What's Going On』を唄いたい！

「ミツケン、ミツケン！」のコールとともにステージに上がる僕。「一曲いかせていただきます」。ビールで喉を潤し、バックバンドにコードを伝える。しっとりと始まるイントロ。打ち上げに参加したスタッフはすでに涙目に。気持ちを込めて唄う僕。サビでのシャウトで一気に盛り上がる。間奏では、参加スタッフひとりひとりの顔を見て、ありがとうと口パク。曲はラストへ。より一層の熱唱に番組スタッフ全員でコーラスとなり、みんな号泣。「ミツイシさーん」の黄色い声。もう、間奏なんて怖くない。

断言しよう。僕は生まれ変わったら、必ず歌手になる。

小市民旅行者の挑戦

40歳を過ぎた頃から、毎年10日程度休みを取り海外旅行に行くようになった。年に一度の楽しみ。ただ仕事柄、なかなか予定が立たず、来月行こうと決めていても、急に仕事が入って延期したこともあるし、逆に来週から入る予定の撮影が来月に伸びた！　なんてこともあった。その時は「んじゃ行くか！」と急遽エアーとホテルを取り、バタバタと行ったりもした。

ある年は10日以上休みが取れたので、2つの都市に行くことにした。それもパリとバンコク。どちらか悩んでいたので、えい！　んじゃどっちも行こう、ということになった。まだ40代、若さのなせる技だ。パリ5泊、バンコク4泊。これならゆっくりできるし、ま、大丈夫ともくろんだ。なんとなくスケジュールも決まり、所属事務所とバンコクの友達に告げた。

すると事務所の社長から「あら、パリ行くんだって？　私その頃アテネにいるのよ。アテネ来なさい！」。社長は年間何度も海外に行き、アクシデントも星の数ほど経験している筋金入りのトラベラーだ。ままっ待ってくれ社長。僕はいつまでたってもビギナーな日本人小市民旅行者だ。そんな「天神におるんやったら中洲で呑みよるけんおいで」的に軽く言われても。

しかし社長は絶対だ。パリ滞在を短くしアテネ2泊を組み込んだ。すると今度は、バンコクの友達から「その週はみんなでチェンマイに旅行行くからケンもおいでよ！」。彼らにはその前のパリ、アテネの強行は伝えてない。しかし彼らとも会いたいし。

こうなったらなるようになれとチェンマイ行きも決めた。行きはバンコク経由でパリに入り3泊、アテネに移動して2泊、パリに戻りすぐバンコクへ。バンコクで1泊して翌日チェンマイへ——。めちゃめちゃ疲れたが、アテネもチェンマイも初めてだったので、行ってよかった。無茶振りにも若いうちは乗っとくべきだ。いや、今からでも好奇心を持って無茶振りな旅にもどんどん乗っていこう。

車好きは懲りない

実家に帰り古いアルバムを開くと、トヨタの大衆車パブリカのボンネットに乗せられた、2歳児の僕がいる。山笠のハッピ姿とか、毛糸の帽子にコートを着込んだものまで、季節問わず何枚もパブリカと一緒に写ってる。

僕の思い出写真と言うより、ほぼパブリカの写真と言ってもいい感じ。若い父は、このパブリカ購入がよっぽどうれしかったんだろう。その後も父は、コロナを何台か乗り継いだり、カリーナに乗ったり、日産のブルーバードに乗ってた時期もあった。そんな車好きの父の影響もあってか、僕も車好きになった。

高校卒業後やっと免許を取ったが、地方出身者が東京で車を持つなんて夢のまた夢だった。そこで、学生下宿に住みながら、長期ローンで中古のスクーター、ベスパを購入。このベスパは大活躍。当時はノーヘルでどこへでも気軽に乗って行った。ベスパで東京の街を走ると、自分が東京人になったと錯覚できた。しかしやっぱり車が欲しい。東京生活3年目、また長期ローンで中古のボルボ・アマゾンを購入。アパートも家賃の安い川崎に引っ越した。

このボルボ、クーラーも無いし塗装もメッキもくすんでたが、よく走った。家でオリジナルカセットを作ってカーステで聴きながらドライブすると、これまた気分はすっかり都会人だった。それから数年後、さすがのお馬鹿な僕でも俳優として悩む時期に突入。一切の趣味もやめて仕事に集中して、車も10年は乗らないと誓う。何がベスパだ！　何がボルボだ！

それ以降、皆さんのおかげで、ポツポツとお仕事をいただけるようになっていった。1カ月に仕事を何本も掛け持ちさせていただき、あっちに行ったりこっちに行ったりで、さすがに電車では大変になり始めた。10年たったし、そろそろ封印を解いて車でもと考え始める。しかしどうも、今の車には興味が湧かない。買うならやはり古い車だよなぁ！　バンプラにミニ、2CV、もっかいボルボか。アメ車もいいなぁ！　全く懲りない僕であった。

ソウル・ミュージックの沼

中高生の頃「フィフティーズ」がブームだった。1950年代アメリカの音楽にファッション、すっかり影響され、映画『アメリカン・グラフィティ』の世界に憧れた。それ以降、今度はどんどん黒人音楽にハマっていった。上京してからは、中古レコード屋に入り浸った。ガリ版で刷ったようなマニアックなソウル誌の最後のページにいろいろなレコード屋やソウルバーが載っていて、その中に、下北沢のソウルバー「エクセロ」があった。すぐに九州の親友と通い始めた。

当時僕はお酒が飲めなかったのでコーラを飲みながら、かかるレコードをメモしたり、マスターに御指南いただき、販売してるレコードを購入したり、常連さんのソウル話に耳を傾けたりしていた。アメリカから来日したマンハッタンズやドラマティックスを観にも行った。本業が何かわからないくらい、音楽にハマっていた。ジャズはインテリでアカデミックな感じが苦手だった。その点ソウルミュージックは夜のちょっとオシャレでいかがわしい、大人の男女の世界観が好きだった。

10年くらい前、「エクセロ」で知り合ったソウルマニアのS先輩（僕より10歳年上）のお誘いを受け、ソウルイベントへ出かけた。ソウルイベントと聞くと、バリバリにオシャレした男女が軽くステップを踏み、口説いたり口説かれたり、大人の社交場を想像していた。Sさんは「DJするんですよ」と7インチ盤を十数枚カバンに忍ばせていた。

会場に入って唖然とした。来ているのは僕より10歳は上の先輩ばかり。女性は皆無、踊ってる人も皆無、みんなテーブルにつき、それぞれのグループでコソコソ話してる。立ってるのはDJブースの周りの数人のみで、回るレコードをガン見してる。皆さん、ソウルの7インチを売買したり交換したり、販売リストに赤丸付けてたり。オシャレも男女のいかがわしさもどこにもない。早速S先輩はDJブースへ。ここは、東京一番のソウルマニアの集会だった。ソウルは深い、マニアはすごい。まだまだ修行が足りません！

セッションは楽しい

　帰宅のため、渋谷のビルとビルの間を歩く。すると、わずかな光を頼りにダンスを練習するいくつものグループに出会った。ウインドウに写る自分たちの姿を見ながら踊る彼ら、彼女ら。思わず立ち止まって見入ってしまう。女性3人のグループは、同じフレーズのところを何度も何度も繰り返し練習してる。その汗ばんだ顔は真剣そのもの。男性2人組は、お互いに携帯で動画を撮りあい、これまた真剣な表情で何度もチェックしてる。

　いいなぁダンサー。僕も踊れるものなら、ダンサーになりたい。前に歌手になりたいって書いたけど、ダンサーにもなりたい（笑）。

　要するに、音楽にも踊りにもコンプレックスがある。全くできないから、めちゃめちゃ憧れている。楽器もそうだ。あんな風に歌えたら、あんな風に踊れたら、あんな風に弾けたら、どんなに楽しいだろう。ミュージシャンの方もダンサーの方も、一瞬にして見ている人を惹きつける。時には、見ている僕らは5秒で号泣する。音楽を中心として、歌、楽器、ダンスのトライアングルは最強だ。

そんなこと、映像畑の人は百も承知で映画とかテレビに俳優としてお招きする。僕も何人ものアーティストの方と共演させていただいたが、やはりその感性はさすがである。撮影の手順とか段取りで多少は戸惑いを見せても、慣れるとものすごい存在感で敵わない。その辺の、上っ面だけをなぞる俳優とは全く違う。腹の底から役が立ち上がる。だからミュージシャンとのお芝居は楽しい。どんどんやっていくと、台本を飛び越えてとてつもないシーンになったりする。あたかも楽器や歌、はたまたダンスでセッションしたかのようにこちらも高揚する。しかし、その逆を想像すると恐ろしい。

自分がお客様の前で歌ったり踊ったり。はたまたギターをかき鳴らしたり。まず、どういう表情でいれば良いのかわからない。やっぱり餅は餅屋。僕はもっぱら観るに徹する。でも、一緒のお芝居は大歓迎だ！

楽器コンプレックス

以前、歌手になりたかったと書いた。ダンサーになりたかったとも書いた。そしてそう、僕は楽器を操るミュージシャンにもなりたかった。山下達郎さんのように、カッティングギターでグルーヴを生み出したり、ビリー・ジョエルのようにピアノで弾き語ったりしたい。小学1年の頃、家にピアノが届いた。両親がひとりっ子の僕に習わせようとしたのだ。結局、4年習ったが全く身につかなかった。ゴリゴリのクラシックのおじいちゃん先生になじめなかった。

中学に入ると、フォークブームでみんなフォークギターをやっていた。僕もねだってギターを買ってもらった。雑誌『明星』や『平凡』の歌本を見て、自分だけでひそかに練習した。ある日、近所の宮田のキョウちゃん家で、ギターを持ち寄って皆で弾こうってことになり、いそいそとギターを持参して行った。それぞれケースからギターを出してチューニングなんかしてると、村瀬君が「あれ。研のギター、形が違う！」と言い始めた。すると宮田のキョウちゃんが笑いだし「研！　それおまえ、フォークギターやないぞ！　クラシックギターぞ！　それは、禁じられた遊びとか弾くやつぞ！」。周りを見渡すと確かに僕のだけ形状が違う。ネックも弦も、音色まで違う。思春期の子どもには残酷だった。モチベーションがガタ落ちした。せっかく買ってくれた親には文句を言えず、ギターが遠のいた。

数年前、映画の仕事でウクレレを弾くことになり、知り合いのミュージシャンから中古のウクレレを安く譲ってもらい練習した。弦楽器に触るのはあの日以来だ。しかし何と、映画を見た甲斐バンドの甲斐さんから「光石が弾いたウクレレ、よかった。音しとったネ！　演奏も良かったよ」と言われて小躍りした。その頃から、時々ウクレレをポロンポロンやったり、家にある妻のピアノで、コードを押さえて遊んだりしている。もちろん本格的には弾けないが、音が出るだけで楽しい。この歳になりちょっとずつ、楽器コンプレックスから解放される。ここには宮田のキョウちゃんはいないから。

還暦は先延ばし

僕は今年（2021年）、還暦を迎える。参った。すっかり狼狽する。だって、そうでしょ！　僕が幼少の頃の還暦といえば、お年寄りが赤いチャンチャンコ着て、エビス様みたいなハットをかぶり大勢の子どもと孫に囲まれて、みたいなね。「おじいちゃん一日でも長く元気でいてね」的なね。昔と比べ平均寿命は延びてるとはいえ、還暦のイメージはそんな感じ。

こんなイメージもある。定年を迎え、念願の古本屋巡りと囲碁に没頭する。日がな一日、神田へ赴き、古本屋を巡りお目当ての歴史小説を探す。昼は老舗の蕎麦屋。板わさとカラスミで熱燗を一合と、せいろを頂く。お茶をするのは、スピーカーに向かって椅子が並ぶ名門老舗ジャズ喫茶。夕方になると、銭湯で身を清め、行きつけのこれまた老舗の名門居酒屋へ。まず旬のお通しでビールの小瓶を頂く。

ちょうどいい頃合いに悩みを持つ中年男が訪ねてくる。「やはりこちらでしたか。

どうも仕事が……」「まあ、かけなさい。君はまだ若いからジョッキのビールだったね」「いえいえ、もう40を超えました。それにしても最近の若いものは」「まあまあ、僕の頃も君の頃もいつの時代も同じだよ。そうカリカリしなさんな」。などといろんな相談に乗り、後輩を励まし背中を押してあげる。社会の中で切磋琢磨し、酸いも甘いも噛み分けている。還暦の人ってこんな感じでしょう！

なのに僕ったら。相変わらず髪とか服が気になったり、酔ってはしゃいであんなことやこんなこと。挙句に後輩や同世代のすてきな仕事っぷりに嫉妬して落ち込んだり。ある映画の2次会で、「このままで僕は大丈夫かな」と愚痴り、30歳前後の俳優さん数人に「光石さんは光石さんらしく！　大丈夫ですよ」と背中をさすられながら励まされた記憶がある。情けない。

ええい、こうなったら仕方ない。開き直って僕は還暦はもっと先だと設定しよう。サボったぶん、今からでもまだまだ好奇心を持って学ぼう！　まだまだこれから。だってこんな稚拙な還暦いないでしょ！

3.

Sugar Baby Love

調子はいかが

不要不急

コロナ禍。参った。2020年の春は仕事が止まった。3月に入った頃から兆候はあった。WOWOWドラマ『コールドケース3』の撮影真っ最中、いつもお借りするビルのワンフロアがお借りできなくなったり、病院がお借りできなくなったりし始めた。

外のロケはなんとかできていたのだが、3月25日。翌日の早朝ロケのため早々に床についてると、深夜の電話で起こされた。とりあえず明日の撮影が中止になり、明後日以降どうなるかわからないとのこと。その時は「やった〜、明日は寝坊できる〜。んじゃ飲み直そ!」とかなり楽観的だった。当初は4月に入れば始まるでしょ、とタカをくくっていたが、いっこうに始まる気配がない。あらら。気がつけば1カ月が過ぎた。再三新聞やテレビで、不要不急の外出は控えるように言っている。

ふと思った。俳優の仕事こそ不要不急だ。この有事、緊急事態の時に台本持って、撮影現場でお芝居してる場合じゃない。僕みたいな映像俳優は今、全く必要がないことを知る。スタッフの皆さんが撮影してくれるから映像俳優は成り立つ。スタッフの皆さんだって、僕を撮るより、東京の現状を記録する方が必要じゃないか。

例えばの話。飛んでる飛行機の中、何かのっぴきならないことが起きた場合、「この中にお医者さんはいらっしゃいますか？」。これはあるだろう。しかし「俳優さんはいますか？」はない。百歩譲ってあったとしても、舞台俳優さんは一人芝居でその場を盛り上げたり励ましたりできるだろう。

映像俳優は一人では何もできない。撮影してもらわないと、照明を当ててもらわないと、声を録ってもらわないと何もできない。スタッフの皆さんにいてもらわないと僕は何もできない。世の中が平穏無事だからこそ、僕は映像の片隅で生きていける。平和だから、ヤクザやったり刑事やったり、幽霊にだってなれる。映像俳優はそういうものだ。そう、だから映像俳優は不要不急である。

食材が話しかけてくる

というわけで、不要不急の映像俳優は自粛期間に突入した。この20年、趣味も全てやめ仕事に明け暮れていたせいで、何をしていいか全くわからない。唯一の趣味の旅行も行けない。なら、料理でもしてみるかとキッチンに立つ。自慢じゃないが、全くやらない、ってかできない。1人暮らしの頃からほとんどやらなかった。ま、ジリ貧で安い冷凍食品をチンしたり、即席のラーメンをゆでたりしたことはある。でもそれって料理じゃないよね。

さて何を作るか。

料理人の知り合いが言ってた言葉を思い出す。「例えばスーパーに行った時とか、冷蔵庫を覗いた時に、あ、これとこれ合わせて炒めるといいな、これがあるならあれができるなあ、って思うんですよ。それにスーパー行くと、食材の方から話しかけてくるから、それを待つんです。料理はアイデアとイメージです。料理は楽しいですよ」

　スーパーに行ったものの、通路の両サイドに並んだ食材は全く話しかけてこない。見つめてみても、全然イメージもアイデアも湧かない。仕方なく一度帰りネットを開く。するとカップ麺で作るカップ麺炒飯の作り方がのっていた。これならできるかも。早速スーパーに戻りカップ麺と卵を購入、作ってみる。まずは一度麺をビニール袋に取り出してその中で粉々にする。カップに戻し同量の水を入れ多少ふやかし、ご飯と卵と一緒に炒め完成！　料理と呼べるものじゃないかもだけど、フライパン使うのなんて何十年かぶりだから、僕にとっては立派な料理だ。中高年には多少味が濃いが、うまい。腹ぺこなヤングは大満足だろう。さて、次は何を作るか。時間はたっぷりある。何せ、不要不急の映像俳優だ。

　と、またまたネットで動画を見てみると、ジャーマンポテトがある。これはビールに合いそうだ！　アスパラソテーの温泉卵かけってのもある。これは白ワインだね！　食材が話しかけてくるまではまだまだだが、ちょっとだけ料理が楽しくなってきた。

アプリ？　ギガ？　キャリア？

携帯を持ったのはいつ頃だったろう。周りのかなりの人たちが持っても、まだ持ってなかった。現場で休憩の度に携帯電話を確認する連中を見ては小馬鹿にしていた。「あのね、連絡なんてそんなしょっちゅうしょっちゅう入るわけないでしょ。いちいちいちいち携帯電話確認して」

そんなある日の朝、電車に揺られ郊外の学校へロケに行った。朝7時半現場集合。5時半に家を出た。ロケ地の最寄り駅から徒歩12分、小雨の中歩いた。到着したが人影が無い。しばし待ってみたものの、ひとっこひとりいない。公衆電話を見つけマネージャーに電話してみると、「光石さんやっと捕まった！　今どこですか？　今日は雨で中止です。6時に自宅に電話したけど出ないから」。いやいや、余裕見て早く出たんだよ。そして同じようなことがもう一度起き、「もう光石さん、いいかげん携帯持って下さい！　仕事になりませんから！」。仕方なく携帯デビューを果たした。

そして10年前くらいだろうか、世の中にスマホの波がやってきた。新しモノ好きの若手俳優が早速購入して、自慢げにそのスペックを説明してくる。「光石さん、これこんなこともできるんっスよ!」。どうやらかなり便利モノらしい。今回は早めにスマホに乗ってみるか。若者にあらがっても仕方ない。頑固な中年親父ほど嫌なものは無い。休日、量販店に行き「あの、スマホに変えたいんですが。初めてでスマホのスの字もわからないんですよ」。作り笑いの若い販売員が「アプリ、どういったもの使います? ギガ、どうしますか? キャリアは?」「あ、キャリアは俳優を30年やってるんですが、アプリとギガってのは?」

笑いが引きつる販売員。「あの、スマホをお弁当箱だと思ってください。アプリはおかずです。ご飯や梅干しのように最初っから入ってるアプリも有り、あとはお好みです。唐揚げ入れたりシャケ入れたり。お腹いっぱいになったら動けないですよね? それがギガです」

その日のお酒の量が増えたのは、言うまでも無い。

人生を変えた2本の映画

1990年代初頭、僕は混乱していた。仕事は少なく、収入もままならないジリ貧状態だった。最初は、そのうちどうにかなるだろうとのんきに構えて、草野球や草サッカーをし、イラストや墨字を書いて遊んでいた。

しかし結婚もしていたし、年齢も30代半ばに差しかかってきた。このままだとマジでやばい、でもどうすれば良いかわからない。知人に紹介してもらい、舞台の演出家の方に売り込みに行ったり、オーディションに積極的に行ったりしたが、空回りばかりでうまくいかない。

そんなことが数年続いたある日、イギリス映画のオーディションのお話がきた。ピーター・グリーナウェイ監督の『ザ・ピロー・ブック』。とにかく必死で受けた。運良く選んでいただき、撮影に参加できた。現場では自分が全く通用しないことを痛感し、かなり落ち込んだが、すごく良い経験をさせてもらった。

同じ年、青山真治監督の『Helpless（ヘルプレス）』のお話をいただいた。当時の担当マネージャーが頑張って営業してくれたおかげだ。『ザ・ピロー・ブック』の経験から、今回は自我を捨て、身も心も映画に、青山監督に委ねる。映画は僕ひとりでは何もできない。スタッフの皆さんによって俳優として現場に立つことができる。そんな気持ちが芽生えていた。

この2本の映画が無ければ、今の僕はありえない。

特に青山監督には、その後も何本も呼んでいただき俳優の骨格を再生してもらった。『ヘルプレス』は北九弁だった。同郷の青山監督の書くセリフが僕に息を吹き込んでくれた。標準語に変換することなく、ダイレクトで喋れる。『博多っ子純情』は博多弁、『ヘルプレス』では北九弁。その時々で、九州弁は僕を救ってくれる。

個性の無い僕を、九州弁という個性が助けてくれ、個性的な俳優に押し上げてくれる。不思議なことに、それ以降仕事が入ってくるようになった。草野球や草サッカーをやってる場合じゃ無い！　全ての趣味を封印し、映画と大いに遊ぶことにした。

ハリウッドがナンボのもんじゃい！

　青山真治監督の映画『Helpless（ヘルプレス）』の出演以降、お仕事依頼が増えてきた。テレンス・マリック監督のハリウッド映画『シン・レッド・ライン』のオーディションの話が来たのもその頃だ。今までの遠回りを取り返すべく、貪欲であった。すぐに飛びつき、オーディションに挑んだ。台本は渡されず、抜粋したシーンを読んだ覚えがある。どうにも、役は小さそうだが、そんなことは関係ない。とにかくアメリカ映画の現場を見てみたい一心だった。

　昔も今も、ハリウッドに進出して勝負したいなどと考えたことがない。身の丈はわかってるつもりだ。若い俳優が十数人選ばれ、先発組と後発組、2班に分かれた。僕ら後発組は先発組と入れ替わり、ロケ地のオーストラリア・ケアンズに入った。しっかりしたホスピタリティに多少高揚した。スタッフの数もセットの大きさも、小道具の量もさすがハリウッド、ものすごかった。同行した若い俳優たちは、はしゃいでいた。アピールするのだと息巻いていた。しかし僕には「こちとら日本のインディーズ映画の看板背負ってんだ！　ハリウッドがナンボのもんじゃい！」的な突っ張りがあった。

昼食がまたすごく、200人は優に入るテントで、何十人といるコックさんが、バイキング料理を提供する。ステーキからフルーツ、デザートまでなんでもござれだった。

しかし、しかしだ。キャメラの前は日本のインディーズ映画と変わらない。全く同じだ。ハードは違うかも知らんが、ソフト、俳優のスピリットは同じだ。安心した。僕らがやってることは間違ってない。良いものを撮れば、勝負できると思った。若気の至りだが、そう思った。

話は変わるが、そのロケ地で送迎の時、オーストラリアのドライバーが外を指さし「コックドウ、コックドウー」と叫んだので、「あ、これ国道なんだ！」と答えたら、後ろから通訳の方に、「クロコダイルだ！　って言ってます」と言われた。ハリウッドには進出しない。身の丈はわかってるつもりだ。

撮影ジャンキーたち

「長靴に雨ガッパ、こんな本格的な装備、買うとは思わなかったですよ～」。メイク部の若い女子スタッフが笑いながら言う。そう、撮影は大雨でもやる時はやる。雨のシーンは疑似的に何本ものホースで雨ふらしをする。山の中でグジョグジョになりながらの撮影もある。スタッフは自前で装備を準備して挑む。

メイク部の子は、数年サロンに勤めたあと、夢を諦められず、映画の世界に飛び込んできた。サロンの仕事は大変だったが、流行の服に身を包み、それなりに華やかだったそうだ。「サロンも撮影も大変だけど、でも撮影は楽しいです！」。跳ねた泥が顔に付いたまま、笑いながら言う彼女。

撮影スタッフには、いろんな経歴の人がいる。元ラガーマンの撮影技師、元強豪野球部キャプテンの照明技師、映画オタクの美術部などなど。各パート集中して、ワンカットを成立させるため仕事する。みんな映画の、撮影現場の虜になり、抜けられなくなった者たち、撮影ジャンキー。

映画『共喰い』（2013年）で、妻を探し嵐の中荒れ狂って歩き回る、僕ひとりのシーンがあった。ナイトシーンで雨ふらし。この長回しのワンカットのため、スタッフは夕方から準備。リヤカーの上にキャメラと大扇風機。何本もの雨ふらし用ホース。撮影パートの垣根を越え、スタッフ全員が働く。

雨ふらしをする車輌部、制作部。人止めするメイク部、リヤカー引っ張る演出部、それぞれが持ち場を確認。日が暮れ、いったんスタッフが集合し、本番に向け再度動きを確認する。「じゃそろそろ本番行こうか！」。監督の声でスタッフが持ち場へ散る。緊張感はピークだ。

「ヨーイスタート！」。扇風機が轟音とともに回り始める。雨を降らし、物を飛ばす。雨に濡れ、物が飛ぶ中、叫びながら歩く僕。「カット！　オッケー！　みんなありがとう！」。監督の声で緊張が解け、皆笑顔で拍手する。

僕は彼らと、この瞬間を味わうため俳優をやっている。さあ、撤収して、飲み行こうや！

見えすぎると照れくさい

最近どうも眼の具合が悪い。近眼で老眼の僕は、眼鏡をかけると先は見えるが、手元はピンぼけで全く見えない。ご飯の時、持ち上げたお茶わんの炊きたてふっくら白米が見えない。いちいち眼鏡を外し確認する。そのままだと、今度はテーブルのおかずが見えない。今度は眼鏡をかけておかずを確認する。食事中、何度もかけたり外したり。全くややっこしい。

ラグビーワールドカップの時は忙しかった。デリバリーピザを取り、リビングのテレビ前に陣取る。ピザを頬張る時は『ど根性ガエル』のひろしのように、オデコに眼鏡。テレビから大歓声が上がるとすぐに眼鏡をかけ応援する。プレーが止まると眼鏡をオデコにピザを頬張る。

歓声で眼鏡。ピザでオデコ。ホントにややっこしい。

昔はまだ、近視補正の眼鏡で遠くも見え、手前もピントが合わせられた。それが

40代半ばから段々ピントが合わなくなってきた。近眼の人は老眼にはならないと思っていたら、あにはからんやシッカリ老眼になった。そして最近、近視も悪くなり、乱視も出てるらしい。もう何が何やら、眼の中が忙しいことになってる。

実は、仕事の時はほぼ裸眼で通してる。さすがにアクションと車の運転はコンタクトだが、撮影はだいたい裸眼だ。本番の前に眼鏡をかけて、共演者の表情や位置はだいたい把握して、本番は裸眼で挑む。集中しやすい感じがある。時々、自前の度入りの眼鏡で挑むと、周りも全て見え過ぎて、照れくさくなる事がある。本番前のテストの時なんか、ガン見するスタッフの眼が気になり、よくNGを出す。デビューからそれだったので、今更変えられない。

一度、レーシックをと思ったが、見え過ぎる恥ずかしさが先に立ち、取りやめた。ま、僕にはうっすら見えるぐらいで芝居するのがちょうどいいのかもしれない。ただ残念なのが、きれいな女優さんの御顔がピンぼけなことだ。あ、その時はコンタクトつけよう!

師匠と呼ばせてください

僕には師匠がいない。そもそも、あの舞台を観て衝撃を受け俳優を目指したとか、あの俳優さんの芝居を見て圧倒され、憧れて俳優の道に、なんてのがない。クラスのお調子者がたまたま映画のオーディションを受け、受かったに過ぎない。撮影現場が楽しくて、ふあふあとこの世界に入った。なので、プロになってからが大変だ。いまだに基礎的な発声とか滑舌に苦労している。その上、映画的教養も演劇的教養もない。トホホである。

となると、学ぶは現場のみ。ひとつひとつの現場で教わることが実になった。昔の監督は怖かった。役の気持ちを質問する僕に「おまえの気持ちなんか映らないいんだよ!」。監督と直にお話しするなんて100年早い。とにかく懸命に走れ! セリフは大声で言え! 思いっきり笑え! 思いっきり泣け! 小手先で芝居しようとする小僧を一蹴した。スタッフの皆さんからも助言を頂いた。メイクさんにも、顔にドーランを塗りながら、もう少しこうした方が良いよ、などと言っていただいた。演出部（助監督）はもちろん、照明部にも録音部にも。スタッフ皆さんが役を育て、僕を育ててくれた。

ここまでくると、俳優の基礎も映画的教養も無いのを武器に挑んでる。ブレの少ない舞台系俳優さんに対抗して、ブレるけど何回に一回かは思わぬ芝居するかもしれないヨ（笑）と開き直ってる。

しかし、最近は強敵がいる。

例えば、シンガー・ソングライターで雑誌のモデルもやりアパレルにも関係し、帰国子女でクラブDJ、たまに映像も撮ってます的な若手がいる。彼らはなんのプレッシャーもなくさらりと役をこなす。大声も出さないし、動きもスマート。カットがかかるとモニターをチェックし、監督とともに自分の芝居を確認する。そればかりか作品全体の構造まで監督とディスカッションする。「ちょっと別のパターンの芝居も試させてもらっていいですか？」。全く僕らとは違うアプローチ。しかし、今後の映画界は彼らが担う。師匠と呼ばせてください！

舞台役者の芝居の秘訣

25歳になる年、社長の鶴の一声により舞台へ勉強に行くことになった。「あなたもそろそろ舞台の勉強した方がいいと思っていたの」。ボス、待ってくれ！　僕は映画に出たくて俳優になったから、舞台はちょっと……。ボスは続ける。「日出子さんから良いお話いただいたから、ちょうど良い機会よ！」。事務所の先輩、吉田日出子さんの所属する劇団「自由劇場」で、中堅の役者が抜けて、次回の舞台は大勢の外部の役者を使うことになって、僕に声をかけてくださった。舞台は、前に書いた中学の学芸会以来だ。しかも劇団なんてどんな集団かわからない。大酒飲みでいつも演技論を闘わせてると勝手に思っていた。

でもボスは絶対だ。とにかく飛び込むしかない。まず稽古に何を持っていけばいいかわからない。ジャージで良いのか？　靴は？　適当な身支度をして稽古場へ。行ってびっくり。もう十数人集まっていて、壁に向かって「ううう〜あああ〜」

と強弱つけて発声練習したり、バレエダンサーのようにグニャグニャにストレッチやったり。皆さん、ジャージと寝まきの中間のような、絶妙で独特な装いだ。映像俳優とは全く違う。舞台役者の圧がすごい。黒崎の青年には刺激が強すぎる。

そこから、稽古2カ月半、本番2カ月半を過ごした。劇団員の皆さんは良い方々で楽しかった。日出子さんと同じ事務所の若手ということで、本当に良くしていただいた。

僕ら映像俳優は、監督のカットがかかりオッケーが出ると、覚えたセリフ、撮ったシーンは忘れていく。舞台は、毎日同じ芝居を2カ月半やる。この反復で芝居の強度が必ず増す。舞台役者の皆さんがブレずにお芝居できる秘訣はここにあるんだろう。しかしその後はご縁が無く、次の舞台まで15年空いた。

そこから5~6年に一度、やらせていただいてるが、やはり舞台はハードルが高い。でも刺激にも勉強にもなる。まだまだ挑戦するしかない。さて、稽古の身支度するか。あれ？　稽古で靴は何履くんだっけ？

九州のおばちゃんのコミュ力

九州のおばちゃんのコミュニケーション能力は抜群である。子どもの頃、買い物の途中10分ほど立ち話をした母親に「誰？」と聞くと「知らん人。お子さんの誕生日プレゼントの相談に乗った」。びっくりした。見も知らぬ人と10分も、それもプレゼントの相談って！　と子どもゴコロに驚いた。とにかく他人であれ知り合いであれ、良くおしゃべりをする。

学校から帰ったら、おばちゃんが僕の同級生の女の子たちと『炭坑節』をピアノで連弾していた時は驚いた。玄関前で日なたぼっこしていて、前を通りがかった子に声をかけて、家に上げお菓子を出してピアノを弾いて遊んでいたらしい。さすがに翌日、その女子から「研ちゃんのおばちゃん面白いね！　楽しかった」と言われ、恥ずかしかった覚えがある。

数年前、帰郷しバス停でバスを待っていると、息を切らしておばちゃんが駆け込んできて「あら～、15分のバスもう行った？」「え？　ああ、まだ来てません。もうすぐ来ると思います」と答えると「よかった～！　あたしゃあんた、久しぶりに晴れたけくさ、庭の花に水やらんといかんけど、病院の予約があるでしょうが。そのあと娘の嫁ぎ先に行かないけんけ、早よ起きれば良かったんやけど、夕べお父さんが深酒してくさ、あの人好か～ん。ギリギリになってしもたけ、急いで水やって。15分のバスに乗らな病院間に合わんもんね。あ～良かった。オタクはどこ行くとですか？」。個人情報も何もあったものじゃない。

「え？　ああ、今から黒崎駅行って博多から東京帰ります」「あら～、東京に今から行くと？　そりゃ大仕事やね！　ほなコレ持っていき！」と娘さんに渡すはずの家庭菜園のシソとミョウガを頂いた。まさしく愛すべき九州のおばちゃんである。東京ではありえない。たとえあったとしても、何かの勧誘か？　と疑い深くなってしまうかもしれない。東京に帰った翌日の昼食は、シソとミョウガたっぷりのソーメンを頂いた。

渋井さんと僕

ええカッコしいの父親の影響か、服好きの母親の影響か、僕はわりと幼い頃から着るものにこだわりがあった気がする。夏休み、家の近所ではランニングシャツで過ごすけど、商店街や駅前のデパートに行く時は、どうにもそれじゃ居心地が悪く、襟付きに着替えて行った。

中学1年生の頃、通ってた塾にお洒落な2歳上のお兄さんがいた。髪にポマードを塗ってボタンダウンシャツにコッパン。「ねえねえ、そんな格好、なんてゆうと?」「アイビーたい、アイビー。今度、雑誌持ってきちゃるね」。お兄さんが持ってきてくれたのは『メンズクラブ』だった。そこからどんどん着るものに興味が湧き、自分でも『メンズクラブ』を買い始めた。雑誌『ポパイ』が創刊されるとすっかり影響され、興味はライフスタイル全般に及んでいった。

2017年、『デザイナー渋井直人の休日』と言う漫画で帯のコメントを依頼された。読んでびっくり。主人公はライフスタイルに敏感なデザイナーの中年独身オヤジ。住まい、洋服、手料理にもこだわりをみせるも、惚れっぽく若い女子に振り回される、憎めないがちょっと痛いオヤジだ。あれ？ これ僕？ 当たらずとも遠からず。原作者の渋谷直角先生の友達が「これ光石研だよね！」と言い、帯のコメントだけでなく、ドラマ化が決定すると渋井直人役に抜擢された。監督は旧知の仲、松本佳奈さん。スタッフは映画や広告でバリバリやってる方々だ。予算がない中、かなり持ち出しで、美術、衣装、メイク、撮影、照明等、渋井さんの世界観を作ってくれた。

劇中の渋井さんは、ダッフルコートにチノパン、ワラビーシューズにトートバッグ。僕も普段よくする着こなしで、現場では自前のチノパンから衣装のチノパンへ着替えもした。渋井さんが僕なのか、僕が渋井さんなのか。雑誌編集者、グラフィックデザイナー、いろいろな業種の方に反応と共感を頂いた。とにかくこのようにピッタリな役と出会い、やらせていただき光栄でした！

役作りってなんだろう

取材などでよく「役作りはどうやってやってますか？」的な質問をされる。さて、役作りって一体何だろう？　40年続けてきて今更ながら思う。

確かに職人や専門職の役だと、その仕事の動きや手さばきがあるから、それをいかにプロっぽく見せるか練習する。例えば寿司職人。何度かやったが毎回かなり練習した。あと、コックに医者にバーテンダー、林業、農業、建設業、変わり種ではピアノの調律師。どれも手順があり、所作があるので練習する。ま、それが役作りといえば役作りだ。

さて、サラリーマンや刑事はどうだ。平凡な定年間近なサラリーマン。子育てを終え、妻と定年後の生き方を模索する男。困る。定年間近なサラリーマンの役作りって何やればいいのかわからない。昔の未解決事件を追う、定年間近な刑事。これまたどう役作りすれば良いのか。あと、薬物中毒者。これも困る。周りにいないから、テレビの『警察24時』的な番組を見る程度が関の山。こんな感じで僕の場合、役作りってこのくらいで、全くやってない。

そこで登場するのがプロフェッショナルなスタッフの皆さんだ。僕の役をイメージして髪形を作り、キズのメイクで男の過去を表現してくれる。衣装も何パターンか用意して、役に近づけてくれる。どこで見つけてきたのか、その役の男が潜んでいそうな場所が用意されて、撮影部は凝ったアングルで迫り、照明部は役に陰影をつけてくれる。僕は役作りなどせず、身体ひとつで現場に行けばみんなが役を作ってくれる。

そして長年この世界にいると、サイズを言わずとも、ピタッとジャストな衣装や靴が用意される。所属事務所のサイズ表は、もう何十年も書き換わってないのに、今のサイズのモノが出てくる。本当に感謝しかない。コロナが落ち着いたら、そんなスタッフのみなさんと地方ロケにでも行き、おいしいモノをたらふく食べながら打ち上げするのが、今の望みです。

オヤジ、スケボーを始める

数年前のある夜。翌日が休みになり、ちびりちびり焼酎を呑みながらユーチューブを見ていた。するとおすすめ動画の所にスケボーをする若者が出てきた。トリックを駆使して飛んだり跳ねたりするいわゆるパーク系じゃなく、街中で滑走を楽しむサーフスケート。サーフィンと同じ動きを陸上でするイメージだ。ロス辺りの住宅地の道をゆっくりクネクネと、あたかも波に乗るように楽しく乗っている。

ヤバい！　見た途端、昔の血がメラメラとたぎる！　僕は中学生の頃、雑誌で初めて見たスケボーに衝撃を受け、すっかりハマった。町のスポーツ店にあったお粗末なスケボーを手に入れ、乗りまくった。親友の平尾君を唆《そそのか》し、スケボーを買わせて2人で商店街や住宅地を滑った。幸い黒崎の町は、駅に向かってなだらかな勾配があり、スケボーには絶好だった。空き缶を並べてスラローム（蛇行走行）したり、急勾配の坂に挑戦したり。まだ今のように、飛んで手すりを滑る技なんてない頃だ。

どんどん熱は高まり、ロスのスケボー屋に欲しい板とウィール（車輪）、トラック（板とウィールをつなぐ部品）を書き、小切手を入れてメールオーダーした。もちろんパソコンなんてないから、ドキドキだったが届いた時は本当にうれしかった。

あれから40年。すっかり再燃してしまった。調べてみたら、例の飛んだり跳ねたりするパーク系が多いのだが、サーフスケートボードもしっかりあり、ボードも進化してクネクネと楽しく乗れそう。早速サーフィン系量販店に行ってみる。すると何十種類もの板が飾られ、どれがどれだかわからない。オタオタしていると10代であろう店員さんが「何お探しっすか?」と寄ってきた。「いや、あの、あのね、昔スケボー乗っててね」「へー。で、どんな感じのにしますか?」。とっさに目の前にあった長い板で大きなウィールのスケボーを指さし「これください」と買った。

この歳で買ってしまった。でも乗ると楽しい。昔みたいにスピードは出せないが、風を受け爽快だ。オヤジ、スケボー始めました。

『めがね』のリズム

２００６年公開の映画『かもめ食堂』。フィンランドを舞台にしたこのオシャレな映画は当時、ナチュラル系女子のアイコンとなり大ヒットした。自立する女性の物語もすてきだったが、衣装、美術、セットが素晴らしく、見事にその世界観を作っていた。そしてその翌年、同じチームで第2弾的な映画、『めがね』が作られる事になり、声をかけていただいた。

当時の僕は、とにかく休みなんか要らないし、どんな小さな役でもやるから仕事取ってきてとマネージャーに伝えて、その通りほぼ毎日働いていた。『めがね』の台本を読み面食らった。南の島を舞台にしたこの映画は、ほとんど事件もイザコザも起こらず、淡々と日常を過ごす映画だ。テーマは人生のたそがれ。僕の役も宿の店主で、日々飄々《ひょうひょう》と料理を作り客をもてなす。ゆっくりと流れる雲を見上げて、ゆっくりと沈む夕日を見て過ごす、そんな男だ。ギャ〜、ヤバい。東京でフルストレスで毎日働いている僕に務まるのか。

その上、ロケは与論島で1カ月以上、ナイトシーンはほぼ無し。日の出とともに撮影をスタートさせ、日の入り前に終了。まさに映画『めがね』通りの生活。さすがに初めはイライラしたり、東京の仕事が気になったりしていた。僕ができなかった映画はもう始まったかなとか、今頃みんな、中目黒で飲んでるだろうなとか。一方主演の小林聡美さん、もたいまさこさんは早々に島のリズム、映画のリズムをつかみ、ゆっくりゆったりと過ごしてらした。

おふたりを見て、ガチャガチャした自分を恥じた。そうだよな、こんなすてきな時間をいただいているのに、なんて自分は小さな人間なんだ、この時間を愉しまなくてどうする！　と思えた瞬間から楽になりだした。たくさんある空き時間はスタッフ、キャストの皆さんといっぱいお話して過ごした。とりわけ、この映画の世界観をつくったプロデューサーのAさん、小林さん、もたいさんには大きな影響を受けた。その時のリスペクトは今も続いてる。

東京古着日和

　若い頃、僕のワードローブはほぼ古着だった。まだまだ古着が安く、お洒落はしたいが懐の寂しい貧乏俳優にはありがたかった。そして何より、一点モノが多く味もあるし、人とも被らない。よく原宿や渋谷界隈の古着屋さんに行き、掘り出し物を探した。あらためて思うと、僕はどうにもセコハンが好きみたい。古着に中古家具、時計も中古で車も中古車。住むのは中古マンション。昔は地方ロケに行くと、その街の中古レコード屋とか古着屋でお宝を探していた。

　そんな中古好きの僕にうってつけの話が飛び込んできた。雑誌『Pen』の近藤さんから「おじさんが昔を懐かしんで、古着屋さんを巡る動画やりませんか？　ドキュメンタリーとドラマの中間のような。休日の光石さんが古着屋を訪れ、いろいろと目移りし悩み、最後は購入してウキウキと帰る的な！　どうでしょう？」

　そういえばここのところ、古着屋や中古家具屋巡りを、全くしていない。昔のように、日がな一日プラプラと古着屋さんを覗いて、お茶でもしてゆっくりと過ごしたい。渡りに船！　最高に楽しそうな企画をいただいた。

是非やらせていただきますということで、話はトントンと進み、配信ドラマ『光石研の東京古着日和』の撮影開始。スタッフの皆さんは雑誌編集の方々と、いつもは広告系の撮影をやってる方々で、同じ映像系と言っても、ドラマや映画とは違い、僕にとっては異業種の方々だ。でもこれが僕にとってはすごく刺激的でとっても新鮮だった。撮影も相談しながら進めたり、急遽変更して違う路線に軌道修正したり。少人数のスタッフだからできる身軽さとフレキシブルさがあり、とっても楽しい。どこまでが台本でどこからが素なのか。衣装や小道具も、どれが自前でどれがお借りしたものなのか。この微妙な塩梅《あんばい》が、なんとも快感で面白い。

とりあえず2019年から2021年の頭にかけて6本撮った。この歳になり、若い方々とこんな楽しい企画で刺激をいただき、本当にありがたい。何か新企画、まだまだやりたい！

福岡出身の映画監督

僕の仕事場には福岡出身の人が大勢いる。俳優仲間はもちろん、ミュージシャン、モデル、タレント、とにかく多い。現場で出会って、福岡出身だとわかると、一気に距離が縮まり、地元話で盛り上がる。

監督にもいらっしゃる。撮影現場の監督は近づきづらい存在なのだが、これが福岡出身だとわかると急に親しみやすくなる。

北九州市門司区出身の青山真治監督。35歳の頃、映画『Helpless（ヘルプレス）』で使っていただいた。ロケ地が門司で、セリフも北九州弁。なじみのある場所でなじみのある言葉。とにかくそれだけで役のイメージがつかみやすく、やりやすかった。当時、先が見えない俳優業の中、なんとかもうちょっと頑張れるかもと思わせてもらった。それ以来、何本も呼んでいただいている。もう、僕のキャリアを語る上で絶対に外せない恩人のような方だ。

戸畑区出身の平山秀幸監督。平山さんにも何本も呼んでいただいているけど、思い出深いのは福岡の炭鉱町を舞台にした映画『信さん・炭坑町のセレナーデ』。博多に泊まり、大牟田や田川へ。海のシーンは志賀島で撮影した。平山監督はいつもスタッフ、俳優部に気を配って、ものすごくやりやすい環境をつくってくれるので、俳優部から人気の監督だ。劇中、僕が飲み屋から出る時に方言で「ほなの」って言ったのを喜んでいただき、うれしかった。

平山監督と同じ戸畑区出身のタナダユキ監督。顔見知りではあったがタナダ映画には出演したことなく、熱望していたら先日初めて呼んでいただいた。物腰は柔らかいが芯がしっかりしていて、めっちゃめっちゃハンサムだった！　年上の男性スタッフにも臆すること無く指示を送り、スタッフもタナダ監督を信頼しすごく良いチームだった。さすが九州の女性、戸畑の女性だ。いっそうファンになった。

まだいる。トコさんの息子さん松居大悟監督。映画『ザ・ファブル』の江口カン監督。とにかく、福岡で育ったというだけで、共通言語を持ち、勝手に親しみが増す。僕は福岡出身の監督が大好きだ！

青山真治さんを悼む

2022年3月25日。

早朝から東京近郊でロケ。なんとか日没ギリギリで撮影を終え、渋滞の中タクタで帰宅した。入浴後、ほったらかしていた携帯をかばんから取り出すと、松重豊さんからメールが入っていた。

「青山真治監督が、お亡くなりになりました。無念。」


1995年。

僕は濃霧の中でさまよっていた。今、自分が何処にいるのか? 進めばいいのか、引き返すべきなのか。上下左右もわからず、ただただ、たたずんでいた。俳優にとって撮影が無いということは失業と一緒。無職なのだ。

そんな暗中模索の中、映画の話が舞い込んできた。

『Helpless（ヘルプレス）』。脚本・監督、青山真治。

青山監督のことは存じ上げなかったが、一も二もなく即座に引き受けた。とにかく仕事に飢えていた。役柄は、出所してきた片腕の元ヤクザ。重要な役だった。当時いただける役は、気の良い青年とか、真面目な後輩刑事とか、とにかくこれといって特徴の無い役ばかりだった。

青山監督はどうしてそんな僕に、こんな役を振ってくれたのか。随分後に御本人に伺った。その昔、僕の出ていたドラマを青山さんのお兄さまが観てくださり、「この俳優、面白いよね」と言っていたことを覚えていて、『ヘルプレス』のキャスティングの際、候補の中から僕の名前を見つけ、指名していただいたらしい。

しかし、そのドラマだって、ただただ間抜けな労働者青年の役。片腕の元ヤクザとは正反対の役だったのに、どうして僕を指名してくださったのか。おそらく、到底ヤクザには見えない俳優がやったら面白いと考えたのだろう。

黒沢清監督の助監督で、映画デビュー作。そう聞いていたので、現場は右往左往するかもと思っていたが、あにはからんや。撮影は予定通りサクサクと進んだ。新人監督の気負いなどみじんも無かった。何をどう撮るか、ベテランキャメラマンのたむらまさきさんとも息がぴったり合っていた。

青山組の現場では、薄っぺらな僕でも、ただ立っているだけで深みのある、重厚な人間に仕立ててくれる。俳優が前夜考えてきたことなんて、何の役にも立たない。とにかく遅刻さえせず現場に行けば、監督、スタッフの皆さんが登場人物にしてくれる。俳優を撮っているんじゃ無い、映画を撮っているのだ。『ヘルプレス』の現場後、僕の俳優観はすっかり変わった。

同じ北九州出身で、お会いすると北九州弁で話した。年下だけど、物知りの門司のお兄ちゃんって感じだった。『ヘルプレス』以降も沢山の映画に呼んでいただき、僕の指針を示していただいた。大きな財産をいただき、感謝してもしきれない。

今ごろあっちで、たむらさん、照明の譲さん、まっちゃんとお酒を呑んでいるだろう。

青山さん、お疲れさまです。心よりご冥福をお祈りします。

4.

Goodnite Sweetheart Goodnite

夢で逢えたら

真剣な遊びを見つけよう

次の日が遅いのをいいことに、ちびりちびりと寝酒を飲みながら動画サイトを覗いていた。

すると、スケボーをするオジサンがいた。飛んだり跳ねたりするパーク系ではなく、サーフィンのようにスラロームしてる。ボードも長くウィール（車輪）もデカい。「あらら、これってボクらが子どもの頃乗ってた感じじゃん」ってことで、ボクはすぐにボードを買い、乗って楽しんだ。

てなことを、某プロデューサーAさんと打ち合わせしてる時に話した。するとAさんが反応した。

「それ面白いですね！　オジサンがスケボーをこっそり練習して、自分の大切な人にその勇姿を見せるって番組作りましょう！」

ひょうたんから駒。あれよあれよと話が進み、本当に番組になった。集まった出演者はボクの他に、一般公募の50歳前後の方に参加いただくことになった。現役の教師の方、飲食店経営の方、サラリーマンの方。それぞれ、教え子に、お子さんに、同僚に頑張ってる姿を見せたいと張り切っていた。

収録が始まり、スケボーの先生の指導はまず板の上に乗るところから。幸いボクは子どもの頃に乗ってたので、そこはクリア。しかし他の人は全く乗ったことがなく、本当の初心者なのだ。大勢のスタッフに見守られながら、初めてのテレビ収録。すごい意気込みでボードに乗るオジサンたち。しかしコケる。とにかくコケる。乗ったと思うと、両足を伸ばしたまま滑り、足裏が天井を向き、お尻と背中からドスン。あっちでもドスン、こっちでもドスン。けがをしないかハラハラだ。それでもオジサンたち、コケてもコケても大汗かきながら、めちゃくちゃ楽しそうだった。

皆さん働き盛り。聞けば毎日仕事漬けで、これといった趣味もなく日々過ごしてるという。こんなに大笑いしたのも、真剣になったのも久しぶりとのこと。その日は、先生から出演者それぞれに家での練習課題が言い渡され、ボクらは健闘を誓いあって握手して別れた。

次の収録にボクは参加できなかったのだが、皆さんコケる度に大笑いしながら、4時間の練習で汗を流したらしい。

収録最終日、この日は今までの練習の成果を披露することになっていた。スケボーパークでは、遊びに来たスケボーキッズたちもギャラリーとして参加してくれている。

拍手と歓声の中、ひとりひとり発表していく。ある人はボードを横に足でクルリとひっくり返して再び乗る技を披露。大いに盛り上がった。次の人は小学生のお子さんの前で、パークをスラロームで1周したあと、後ろ足でボードを跳ねて飛ぶ「オーリー」という技を成功させた。お子さんと奥さんがご主人に駆け寄り抱擁して、パークは感動の渦に包まれた。

かくいうボクは、練習不足で、小さな階段をトントンと降りるだけの技を3回目でやっと成功させて、皆さんの失笑を買った。しかし、こんなことだけどオジサンたちは真剣に遊んだ。幾つになっても、夢中になれることがあるのはすてきだ。さあ世のオジサマたち、何か見つけよう。真剣な遊びを。

2021年1月から、西日本新聞さんで50本のエッセーを書かせてもらった。今度は月1回の連載の依頼が来た。どうする光石研。ええええい。あとは野となれ山となれ。捨てる神あれば拾う神あり。行雲流水。死にゃせん、死にゃせん。ということで、やらせてもらうことにします。いろいろとタイトルを考えたのですが、大好きなソウルの名曲『リーン・オン・ミー』（僕を頼って）とします（編注：連載当時）。さあ、皆さまを引っ張って行けるのやら。

ボクは何もできない

時は金なり。

そう、映画やドラマを主な活動の場にしている映像系俳優のボクはいつもスケジュールに翻弄される。

映画やドラマの出演が決まると、まず台本が送られてくる。次に衣装合わせ。ここでプロデューサーや監督、メインスタッフの皆さんと対面し、作品の色や方向性、役柄のキャラクターやイメージを説明してもらう。そして衣装や小道具、メイクを決めていく。この時間はボクにとって、その撮影隊の雰囲気や方向性をつかむ絶好の場だ。

ボクがそんなことをしている間、裏ではボクの担当マネージャーさんが、撮影予定を組み立てるスケジューラーさんとスケジュールの駆け引きをやっている。

「この日に他の仕事を入れたいから、ください」とか「いやいや、そこは渡せない」

とか。ここはマネージャーさんの腕の見せどころなのだ。

まあ、そんなこんなで撮影インからアップまでの総合スケジュールが決まり、いざ撮影となる。

そうなると今度は、前日にマネージャーさんからボクのところに「日々スケ」なるモノがメールで送られてくる。明日は何時に現場入りして、どのシーンをどこで撮影するのか。撮影するのは昼間をイメージしたデイシーンなのか、それとも夜を想定したナイトシーンなのか。必要な小道具やエキストラの人数など、その日の情報が満載だ。

ボクはそれを見て準備をし、予定を立てる。何時に起きて家を出るか。セリフも確認するし、軽いストレッチも忘れてはいけない。

先日の日々スケは相模湖のキャンプ場に15時入り、終了予定時間は25時45分。久しぶりの深夜ロケだ。

太字で「アクション、カーアクションあり」の文字。ただでさえライティングにも時間がかかるナイトシーンにアクションも加わって、かなり大がかりな撮影になりそうだ。終わりの時間が遅いということで、マネージャーさんの運転で現場入りした。

夕方、まだ日のあるうちに段取りを開始。段取りとは、そのシーンの芝居を固めて、カメラのカット割りを決めるもの。

この日の撮影は、バイクに乗ったボクが林道を走行中、後ろから来たクルマに追突されてボンネットを転がった上に飛ばされ、ガードレールを越えて山の斜面を転がり落ちて木に激突するというものだった。

とても大変な撮影だ。ボクに務まるか？　ンなわけがない。

そこで登場するのがスタントマンチームだ。ボクらが来る数時間も前から現場に入り、土を慣らし、岩や木くずを排除し、何度もアクションのシミュレーションをして安全確認を行っている。

撮影が始まるとボクと同じ体形、同じ衣装を着た、もうひとりのボクが現れる。そう、吹き替えをやってもらうスタントマンさんだ。ボクに代わってクルマに追突されてガードレールを飛び越え、斜面を転がり、木に激突する。

道具を使って勢いよく飛んで、先が見えない山の斜面に突っ込むもうひとりのボクを、カメラの後ろで本当のボクがじっと見ていた。「オーケー」の声がかかると現場で拍手が湧く。ボクは駆け寄って、ボクと握手をした。

そして実際のボクはといえば、ボンネットにぶつかる顔や木に激突する顔だけアップで撮ってもらう。帰りもマネージャーさんに運転してもらってる。

それにしても、ボクはひとりでは何もできない。トホホ。

オーラ、売っていませんか

「酔う」にもいろいろな種類がある。車だったり、船だったり、お酒だったり。共演者に有名な方が多いとき、ボクは「オーラ酔い」してしまう。

数年前に出演させていただいた北野武監督作品の『アウトレイジ ビヨンド』は、まさにそれだった。北野監督からして超有名人の上、出演者も西田敏行さんや中尾彬さん、塩見三省さん、三浦友和さんと挙げていったらきりがないほど有名人だらけ。しかも先輩だらけ。当時とうに50を過ぎていたボクだが、控室では諸先輩にお茶を配っていた。

カメラの前でも緊張の連続だった。ただただ緊張の北野組ではあったが、たくさんのオーラに囲まれて心地よい酔いを味わった。今まで飲んだことのない高級なワインやブランデーを、楽しい会話とともに頂いた時のように。帰り道、夜風にあたりながら、いつまでもニヤニヤが止まらなかった。そんな酔いだった。

ボクは衣装合わせの時、労働者や職人さんの衣装を身に着けると必ずといっていいほど褒められる。

「いやー、ドカジャン似合いますね」とか「その作業着に長靴、着こなしますね。自前のようです」とか。その場にいるスタッフの皆さんが、口々にそう言ってくださる。確かに自分でも似合っていると思う。ちょっと髪をボサボサにして、首にタオルを巻き、無精ひげでも生やせば完璧だ。実際のお仕事の方を上回るクオリティだ。

とある現場で、漁師さん役の時、現地でエキストラとして出てくださる本物の漁師の方々と、談笑しながら火に当たっていた。そこに助監督さんがボクの出番を知らせに来た。

「光石さーん、光石さーん、あれ？　どこだ？」

助監督さんはしっかり、火に当たっている僕らを見たし、僕ともしっかり目が合ったのに、走り去って行った。

すると一緒に火に当たっていた漁師さんが慌てて「おいおい、光石さんならここにいるべ」と声をかけてくれた。助監督さんが引き返しながら「すいません、いやー、さすがですね。なじんでらっしゃる」などとフォローしていたが、なんともバツが悪かった。

確かに、十数年前は喜んでいた。「俳優は役になり切ってこそ俳優だ」と。役が憑依し、日常でも眼つきが変わったり、言葉遣いが役のままになったり。撮影後のインタビューで「いやー、役が抜けず大変だったんだ」などとつぶやく。なんだったらドカジャンと作業着のまま帰り、翌日もそのまま現場に現れる。これこそが俳優だ、って思っていた。

しかし、しかしだ。それってさあ、衣装に負けてるってことでしょ？　っていうか、あまりにもオーラがなさすぎて衣装に助けてもらってるってことでしょ。

名優の方々は、どんなものを着ていようとオーラが出まくる。ドカジャンだろうが作業着だろうが、衣装をオーラが包み込み、その方御本人が浮き上がる。これこそが俳優、名優ってものでしょ。

高倉健さんはドカジャン着ていても高倉健さんだ。緒形拳さんが作業着を着ていても緒形拳さんなのだ。衣装になじんで喜んでるなんてまだまだ。

ああ、オーラってどうやったら身につくのだろう。あぁ、オーラが欲しい。どなたか、売っているところ知りませんか？

旦過《たんが》の皆さま、お見舞い申し上げます

老舗映画館「小倉昭和館」（北九州市小倉北区）に初めて伺ったのはいつだったか。確か十数年前、出演した映画の舞台挨拶だったと思います。作品が何だったかは覚えていないのに、小倉昭和館主の樋口智巳さんの映画愛、俳優愛、昭和館愛は強烈に覚えています。

昼に到着して舞台挨拶までの数時間、ランチを兼ねた打ち合わせ中は終始、樋口さんの「愛」の話でした。こんなに映画を愛し、俳優を愛し、映画館を愛している方にお会いしたのは初めてで、食べることを忘れて、樋口さんのお話に夢中になりました。

その後も、事あるごとに声をかけてもらい、昭和館のスクリーンの前に登壇させていただきました。ボクが北九州マラソンに出場する前日にも、地元出身のメキシコ五輪マラソン銀メダリスト、君原健二さんとのトークショーを企画してくださり、楽しいひとときを過ごしました。

昭和館を中心に、映画祭をやったこともあります。戸畑区出身の平山秀幸監督とタナダユキ監督、門司区出身の青山真治監督らと、登壇させていただきました。夜は映画愛に満ちた市民の皆さんも交えて打ち上げをやり、大いに盛り上がりました。

そして2020年、コロナ禍の中、北九州のエンターテインメントを盛り上げようと、昭和館を舞台にしたショートムービーが製作され、なんとボクが昭和館の館主役をやらせていただきました。ロケではロビーや客席はもちろん、2階のバックヤードや映写室まで使わせてもらいました。事務室横の廊下には、これまで上映してきた映画のポスターがところ狭しと貼られ、昭和館の歴史を肌で感じ、感動しました。

昭和館だけじゃなく、旦過市場でもロケをさせてもらいました。撮影の合間に「頑張りよ」「応援しよるよ」と声をかけてもらったり、差し入れをいただいたり。そうそう、北九州市長にも顔を出してもらい、本当に街を上げての全面協力でした。北九州の方々の映画愛を肌で感じました。

北九州フィルム・コミッションのエキストラ登録人数は約9000人に上るとか。映画のロケ隊が来るたび、こぞって参加して、お祭りのように盛り上がります。東京の映画のメイクさんから、こんな話を聞いたことがあります。

「たくさんの群衆が出るシーン、しかも時代物で顔に〝汚し〟を入れなきゃいけない時、市民の皆さんは率先して自分で汚してくれます。何だったらメイクを手伝ってくれたり。本当に映画愛を感じます」と。北九州人、九州人の芸事好きならではです。

2022年8月10日に起きた旦過市場一帯の大規模火災で、昭和館も焼失した今回の惨状を聞き、目の前が真っ暗になり、言葉も出ませんでした。

火災後、樋口さんと少しだけお話しできました。駆けつけた時には、手の施しようがなかったそうです。そして何よりたくさんの映画のフィルムが救えなかったことを悔やんでおられました。「この先、どのようになるかわかりませんが、とにかく前を見る」と誓っておられました。

ボクらも微力ですが、できることがあれば、と考えています。樋口さんをはじめ昭和館スタッフの皆さん、飲食店の方々、市場の皆さん、心よりお見舞い申し上げます。

カチンフタマでドアのトントン

「符丁」。仲間内だけで通用する、いわゆる業界用語。これが世の中にはあふれてる。

ボクの大好きな牛丼チェーン店でも「つゆだく(煮汁多め)」「とろだく(脂身多め)」「あか多め（赤身多め）」などと注文する。敷居の高さからボクはまだ出向いたことはないが、若者に人気のラーメン店では「ニンニクチョモランマ、ヤサイマシマシ、アブラオオメ、カラメ」などと注文するらしい。すごい。すごすぎる。

おそらく、これは「ニンニク山盛りで、野菜いっぱい、脂多めの辛口でお願いします」だと思う。しかし、これだけの長セリフを店に入って言うと思うだけで緊張する。さらにそれを瞬時に理解する店員さんもすごい。

博多のラーメン店でも脂の量、麺の硬さ、ネギの量をオーダーする店がある。福岡のグルメ情報サイト「クイッターズ福岡」の執筆チームが手がけた著書『福岡グルメトリビアーン』の中にこんな一節がある。

「ベタカタ、ネギモリで」

店に入ってそう叫べば、ツウぶれる（中略）男たちにとって「男らしさ」「かっこよさ」「プライド」を誇示する晴れ舞台となったのだ

まさにそう。これらの符丁こそ、男たちの、大人への階段。社会の一員である証と誇りがそこにある。入店し、椅子に座りながら、やや大きな声でよどみなく符丁を叫べば、店内にいる貴兄たちから羨望のまなざしで見られるだろう。世の男たちの憧れだ。めちゃくちゃカッコいい。

我々の撮影現場でも符丁がある。マネージャーさんから現場で「今日は行って来いあるので、尻つくってもらいました。向こうの出しもありますから、こっちの再入、テル連します。中空きあったら、そこでツナギ入れといてください。今日、テッペン越えますすね」と言われたりする。

これは「今日、2つの現場で仕事があり、向こうに行って、もう一度ここの現場に戻ってきます。こちらを出る時間と、あちらを出る時間は先方にお願いしてます。

こちらの現場に入る時に電話連絡します。もし空き時間があったら軽くご飯を食べておいてください。今日は、午前0時を越えますすね」という意味になる。

撮影中の現場を仕切る助監督さんの指示は符丁だらけだ。この間は現場でこんな声が響いた。

「よーし、ドア向けいくよ。光石さん、そこのバミ、板付きでスタンバイしてもらって、カチンフタマでドアのトントンお願いします。ゴマもらって部屋に入ってカット、マンマでお願いします。すぐドンデン入って、入ってきた光石さんの顔いただきますから」

読者の皆さん、意味がおわかりになっただろうか？

これは「まずドアに向かったカットを撮ります。光石さんはドアの前に立ったまま、カチンコの合図から2秒数えてドアをノックしてください。5秒待ったら部屋に入ってそのままジッと止まってください。すぐカメラが部屋に入って、光石さんの顔を撮ります」と言っているのだ。

毎日、毎現場でこんなやりとりがある。どの業界、どの職種にもあるだろう符丁、業界用語。それを使いこなせてこそ、その業界の一員だ。ラーメン屋同様、そこには誇りとダンディズムがある。さあ今日もメシ押し、マキマキでいくよ。

なぜか豊漁の〝大衆魚〟

イワシが豊漁らしい。イワシに加えてサバも例年を上回る水揚げ量だそうだ。なぜ突然イワシやサバが取れ始めたのか、正直なところ、漁師さんや専門家でもわからないらしい。しかし、安くておいしい大衆魚のイワシやサバが食卓に多く並ぶのは、うれしい限りだ。イワシやサバの豊漁と関係あるのかないのか、いや、まったく関係ないとは思うが2022年の春先から〝大衆魚〟のボクの仕事も原因不明の豊漁となった。

業界用語で同時期に複数の仕事を掛け持ちすることを「ぬい」と言うが、本当によく「ぬった」。昔からよくぬってはいたが、この春夏はすさまじかった。4本の連続ドラマにお声がけいただいた上に、プラスアルファの仕事をいただき、今までにない「ぬい」だった。

『金田一少年の事件簿』のゲスト出演を皮切りに『六本木クラス』『純愛ディソナ

ンス』『闇金ウシジマくん外伝 闇金サイハラさん』『泳げ！ ニシキゴイ』の撮影に参加。それに加えて、映画2本に雑誌の取材やキャンペーンでスケジュールが埋まった。まあ、よくこのスケジュールをさばいたと、担当マネージャーさんにも感服する。

そして8月の終わり、それぞれのドラマや映画の撮影が終わりかけたところに新しいドラマがやってきた。ＢＳ-ＴＢＳで放送中の『帰らないおじさん』だ。このドラマは還暦前後のアラカンのおじさん3人が、働き方改革で手に入れたアフターファイブに公園に集まり、数時間だけ童心に戻って遊ぶ。それをＯＬが「おじキュン」しながらのぞく。まあ、そんな構図だ。そんなんでドラマになるのかとお思いだろうが、これがじんわり面白い。

共演は高橋克実さんと橋本じゅんさん。そしてＡＫＢ48の清水麻璃亜さん。じゅんさんとはガッツリの共演は初めて。克実さんにいたってはどこかの仕事場ですれ違ったこともなく、本当に初めてだった。でもおふたりとも同世代なのですぐに意気投合した。

しかしこの撮影が大変だった。みんなのスケジュールを調整するのが難しく、1

カ月で全10話を撮影することになった。１本30分とはいえ、かなりタイトだ。毎日朝４時起きで、遅い時は夜10時まで。スタッフの皆さんも大変だっただろうが、アラカンのおじさん俳優たちは心底疲れた。

何とか乗りきれたのは撮影自体がめちゃくちゃ楽しかったから。克実さんもじゅんさんも、そしてボクもおふざけが大好きで、すぐに誰かがふざける。撮影の合間、突然「星さん、犯人は貴方だ」って克実さんが始めると「刑事さん、それはお門違いだ」とボク。するとじゅんさんがもうひとりの刑事で「いや星さん、私は貴方があの部屋から出てくるのを見た」と続ける。こんないかにも2時間ドラマで言いそうなセリフを次々に言い合う。それぞれが2時間ドラマで刑事をやったり犯人をやったりした経験からなる俳優遊び。芸人さんじゃないからオチなどないが、一瞬でのなりきり具合が飛びっきり可笑しい。

ＯＬ役の清水さんがボクらの冗談に笑ってくれるもんだから、おじさんたちは清水さんに笑ってもらいたくて大はしゃぎ。とにかく終始、笑いに包まれた現場だった。

ボクのような大衆魚が、どうして豊漁になったのか誰もわからない。還暦過ぎての、この忙しさはうれしい限りだ。大衆魚のくだらないドラマを食卓で笑って見ていただけたら、こんな幸せはない。

奈美さんの料理のように

先日、フードスタイリストの飯島奈美さんと対談の機会をいただいた。奈美さんは映画『かもめ食堂』を皮切りに『東京タワー オカンとボクと、時々、オトン』『南極料理人』や『海街ダイアリー』、テレビドラマ『深夜食堂』などなど、数々の映画やコマーシャルに引く手あまたの超売れっ子フードスタイリストだ。

フードスタイリストとは、映画やテレビドラマ、コマーシャルの現場で、いわゆる「消え物」と呼ばれる食事を作ったり、器やキッチン用品を揃えたり、「食」に関する全般をコーディネートする仕事だ。奈美さんは明るくおっとりとしてらして、お話もお上手で、会話していてとっても楽しい方で、その日の対談も大いに盛り上がった。

僕が奈美さんと出会ったのは、2007年公開の映画『めがね』の撮影現場だった。この映画は、とある架空の島を舞台に、小林聡美さん演じる都会で疲れた女性タエコが、個性あふれる島の人々と接するうち、日々の暮らしの大切さや当たり前のことに気づいていく。そんな映画だ。

なので、毎日の食事シーンがとても大切で、ご飯が裏テーマと言ってもいい作品だ。そしてボクの役は、島のペンションの主人。だから結構な頻度で食事のシーンがある。ボクはプライベートでは一切料理をやらないので、現場では大いに奈美さんに助けていただいた。

フライパンの使い方から包丁さばき、盛りつけにテーブルセッティングまで御指南いただき、映画を見た方々から「光石さん、お料理お上手そうですね」と口を揃えて言われ、かなりコソバユイ思いをした。全て奈美さんのおかげだ。

この現場で奈美さんの仕事っぷりに驚いた。映画の撮影は、同じ場面を何度も何度も繰り返しカメラで撮るので時間がかかる。でも奈美さんは、その都度、温かい料理を出してくれるのだ。

これ、簡単なようで、撮影現場では非常に難しい。カメラや照明のセッティングなどなど、ワンカット撮るのに段取りがあり、本番のタイミングを計るには勘どころがいる。

奈美さんはいつも、ベストなタイミングで料理を出してくれる。しかも奈美さんの料理は、味も最高においしいものだから、俳優陣は本当に良い顔で食べて映像に収まる。俳優が何もやらなくても、スタッフの皆さんが役に導いてくれる。本当にそうだと、奈美さんとのお仕事で思った。

対談で奈美さんはこんなことをおっしゃっていた。

「毎回、台本を読み込み、登場人物に即した料理を出す。場所はどこなのか、家族構成は、どんな家でどんなキッチンなのか。仕事は何か。料理はできる人なのか。それを踏まえて料理を決めて監督に提案します。でもその料理が悪目立ちしてはダメ。ちゃんとそのシチュエーションにマッチしてないと。料理は脇役でいいんです。その映画が、そのドラマが良くなれば、それが一番ですから」

鳥肌が立つほど感動した。そして、料理は旨味と甘味と脂だと奈美さんはおっしゃった。なんとか僕も、奈美さんの料理のように「旨味」をもった俳優になりたい。

正月もそこそこに

皆さま、新年明けましておめでとうございます。今年もどうぞよろしくお願いします。

いやぁ、2022年は本当に充実した年だった。ボクのホームグラウンドである映画、ドラマ撮影に加え、出版やアパレル、音楽業界に飲食業界まで、ありとあらゆる異業種の方々と出会い、お仕事をさせてもらい、大いに刺激をいただいた。

畑が違う方々とのお仕事は、自分のパーソナリティーが問われるので緊張の連続だが、とっても楽しくもあった。そんなこんなで、あっという間に2022年が過ぎ、年末年始がやってきた。

ボクら俳優は、年末年始をどう過ごすのか。うまいこと12月の下旬に撮影がオールアップして、新年明けて中旬からクランクイン、なんてのが最高だ。それだと休みの予定も立てやすく、旅行のひとつでも行こうってなるが、そうは問屋が卸さない。

だいたいが12月にインして、年をまたぎ正月明けに撮影再開となる。さて、そうなると年末の掃除もそこそこに、先々のセリフを覚えたり、調べものをしたり、撮影の準備をする。さすがに元日と2日くらいはのんびりするが、その後は、ジワリジワリと撮影モードに入っていく。ここ十数年はそんな感じだ。

子どもの頃、お正月は鳥取の大山にスキーに行っていた。父が福岡県スキー連盟の指導員をやっていたので、暮れから年明けまで5日くらい滞在していた。父と車に乗り込み、鳥取に向かう。お留守番の母のことなど考えず、「男ふたりの冒険旅」にワクワクしたもんだ。

夜9時前後に北九州の黒崎を出発して、トコトコと鳥取へ向かう。当時、高速道路がないから、国道3号から山陰道に入る。子どもだったボクの体感では、8時間くらいかかったように思う。

朝方、米子から大山に登る道で、徐々に雪が多くなると父が路肩に車を止めて、チェーンの準備をする。車から降りて、おもむろにトランクからチェーンを取り出して雪の上に放る。小学生のボクも車から降りてしゃがんでその様子を見る。頭に雪を積もらせながらも、黙々とチェーンを装着するカッコいい父。装着後、車に乗り込み「大丈夫か?」「うん、大丈夫」。冒険中、1回目の難関を突破したふたりの冒険者になったようで、なんだかワクワクしたもんだ。

大山の旅館に着くと、父のお友達が待ち受けていて、再会を喜んでいる。夜、父は指導者仲間の部屋で就寝するが、ボクは福岡から来た、生徒さんたちの大部屋。そこで雑魚寝だったが、それがものすごく楽しかった思い出がある。お兄ちゃん、お姉ちゃんのお話にトランプやゲーム。学校の友達とは違う、ちょっとだけ大人の仲間入りができた気分だった。

冬の山にも、もう30年以上行ってないが、あの冬の旅館の雰囲気とか、乾燥室のにおいとかはいまだに覚えてる。セリフを覚えるお正月も良いが、ゆっくり冬の山でロッジに泊まり、スキー場を眺めながら、一杯飲みたい。

え、スキー?　怪我しちゃ、撮影に影響するでしょ!　あら、結局撮影のことが頭から離れない。

いつまでもあると思うな運動神経

我が光石家は皆、運動神経が良い方だと思う。父は八幡製鉄所でサッカー部に所属し、社会人リーグに出ていた。サッカーをやめてからもロッククライミングやスキーをやっていた。スキーでは指導員になり、福岡県スキー連盟に所属していた。母も高校ではバスケ部で、父と同じ八幡製鉄所に入り、バスケの社会人リーグで活躍したらしい。

ボクはメンタルが弱く、厳しい練習や先輩後輩の関係性になじめず、部活は続かなかったが、趣味でスキーにサッカー、テニス、草野球にゴルフ、そしてスケボーまでやっていた。どれも一流じゃないが、まぁ、そこそこ運動神経は良い方だと自負していた。

数年前、とあるドラマで刑事の役をいただいた。その日の撮影は、ベテラン刑事のボクと相棒の若手刑事が、道から1メートルほど盛土した、緩やかなスロープの上に建つアパートのベランダにいる下着泥棒を現行犯で捕まえるシーンだった。

道からはちょっと高いけどスロープは緩やかだし、ベランダの高さもさほどない。

うん、ひょいと跳び越えられる。だってボクは運動神経が良いんだから。

そしてボクとコンビを組む若手刑事役は30代半ばで、その時初めてお会いしたのだが、きちんと挨拶もしていただき、好感が持てる若手俳優くんだ。

が、しかしだ。この若手俳優くん、多少ウエイトがありそうだ。失礼だが重そう。ボクは内心「イヤイヤイヤ、他にいなかったの？　もっとさぁ、シュッとした若手。この子で大丈夫？　ボクの足引っぱんないでよ」と思っていた。

すると監督から「じゃあキミが先に『動くな』って叫んでベランダを跳び越えて犯人捕まえて。光石さん、そのあとに続いて跳び越えちゃってください」と指示が飛ぶ。口にはしなかったが「監督ちゃん、大丈夫この子？　もたついたりしない？　なんだったらボク、抜いちゃうからね」と、完璧に見下していた。

監督の声がかかる。「ではテストいきます、よーいスタート」。ボクらは勢いよく道から駆けていき、スロープを登る。「若手俳優くん、大丈夫？」と思った瞬間、若手俳優くんがひょいと軽々ベランダを跳び越えた。「えっ！　えっ！　マジで！」。心中で動揺しつつも、演技を続けるボクはといえば、ベランダに手はかけたものの、足が上がらずベランダに激突。そのまま手が離れ、スロープを転げ落ち、尻もちをついた。怪我はなかったが、何ともバツが悪い。

若手俳優さんはベランダから「大丈夫ですか？」と涼しい顔で声をかけてくれる。スタッフの皆さんも失笑しながら「大丈夫ですか」と駆け寄ってきてくれた。「光石さん、無理しないで。できないなら言ってよ。おい、光石さんに階段作ってやれ」と監督さんが周りに指示を出す。

ボクが「ごめんごめん、大丈夫。あれ、おかしいなぁ。これくらい跳べるのに。今日はたまたま、だってほら、ボクは若い頃、運動神経が……」といくら取り繕っても後の祭だ。いつまでも、あると思うな運動神経。

聞けば若手俳優さん、学生時代にラグビー部でウイングを務め、50メートルを6秒台前半で走っていたらしい。見くびってごめんなさい。

時にはうれしい行列もある

先日、仕事に行くために車を走らせていると、黒山の人だかりを見かけた。そこは私鉄沿線の、各駅停車しか止まらない小さな駅。いつもなら、おそらく利用者はほぼ近隣の住民だけ。そんな小さな駅に似つかわしくない、大勢の人。皆さん、スマホで駅の看板をバックに自撮りをしたり、駅前の景色を撮ったりしている。

そして別の日。車を走らせていると、またまた幹線道路の舗道に長蛇の列。列の先には、新しいキレイめのオシャレカフェ。ここでも並びながらカフェの外観をスマホで撮影したり、自撮りしたりしている。

先日の駅前も、このカフェも、集まったり並んだりしているのは、ほぼ若い女性だ。しかし、だ。あの駅前もこのカフェも、ちょっと前まではまったく静かだったはず。ある日突然、いきなりのフィーバー。なんだろう、これ。

仕事先で、世上に詳しいマネージャーさんに聞くと「あれはドラマの影響なんです。とあるドラマで使われたカフェとロケ地が、SNSで広まって一気に火がつき、ドラマの聖地巡礼になっているんです」。なるほど、そういうことか。

ちょっと気にして見ていると、街中行列だらけだ。ブランドショップにライブハウス。ケーキ屋さんにパン屋さん。ボクの事務所の近くでは、博多から来たドーナツ店が大人気で、これまた長蛇の列をつくってる。他にもまだまだある。そば屋さんにピザ屋さん、ラーメン屋さんにまで行列をつくってる。

「まで」とは失礼な書き方だが、ボクらの世代、九州でラーメン屋さんに行列をつくるなんて考えられない。ラーメンはなじみの店にサッと入って、サッと出る。行列ができる前にはもう店を出ている感覚だ。

今思い出したが、そんな九州男の、並ぶのが大っ嫌いな父とその昔、家族で大阪の万博に行った時、すぐ入れるパビリオンばかり入ったおかげで、全然記憶に残っていない。

ラーメンに話を戻そう。

でも、うれしいラーメンの行列がある。昨年末、とある新ドラマのクランクインの際、ボクは流行病《はやりやまい》にかかってスケジュールを変えてもらい、出番を遅らせてもらった。前からよく知るチームだが、早々につまずき、迷惑をかけてしまった。それでも「体調が一番ですから」と、快くスケジュールを変更していただき本当に助かった。

その償いとばかりに、撮影現場にラーメンのケータリングを差し入れすることにした。当日行くと、スタジオの外にフードカーが来て、中から湯気が出ている。幸運にも冬晴れの中、うれしそうに並んでいるスタッフの皆さん。ボクを見つけて「最高っス」と言っていただいた。ボクも、スタッフの皆さんと「何味にする？　替え玉は？」なんて言いながら列に並んだ。

冬の柔らかい日差しの中、野外で湯気を上げながら、スタッフの皆さんとともにすするラーメンは最高だった。スタッフの皆さんから最高の笑顔もいただいた。こんな行列ならいつでも並びたいものだ。

俳優を目指すキミへ

映像俳優の仕事とはどんなものなのか。どんな日常なのか。俳優にとって大事なものとは何なのか。俳優は日々どんなことを考え、どんな準備をし、現場に向かうのか。

ボクは今年（2023年）、俳優生活45周年を迎える。そんなヴェッテランのボクから、俳優を目指してるキミに、奥義や秘事を伝授してあげようではないか。

キミはまず、役をいただき、そしてセリフをいただかないと始まらない。キミはそれを、努力と運と偶然が重なって、必ず獲得するから心配するな。

そして役を獲得したキミは、台本を読み、セリフ覚えから始まるだろう。とにかく、寝ても覚めてもセリフがつきまとう。ヴェッテランのボクの場合は、小部屋にこもり、とにかくひたすらブツブツ言って覚える。セリフが長ければ長いほど時間がかかる。年々覚えが悪くなってる感じがする。45年のヴェッテランだが仕方がない。寄る年波には勝てない。

しかし、キミはまだ若い。少々の長台詞もすぐに覚えるだろうから心配はいらない。セリフを覚えたキミは撮影当日、現場に向かう。ここで重要なのは時間厳守と謙虚さだ。絶対に遅刻してはならないし、偉ぶってはいけない。

だってキミは、ただセリフを覚えただけの単なる俳優にすぎない。キミは撮影現場も決めてないし、カメラも照明も扱えない。俳優さんの声を録音することもできないし、お弁当の発注すらできないのだから。

衣装を着せてもらい、メイクをしてもらったキミは、いよいよ撮影だ。キミはカメラの前に立ち、セリフを言う。まずは、キミが思った通りやってみるといい。方向が違えば、監督さんが修正してくれるだろう。カメラマンと照明部が立ち位置を教えてくれ、録音部が声の大きさを知らせてくれる。キミはスタッフの皆さんの指示に従っていればいい。そうすれば撮影は首尾良く進む。

カメラのアングルを変えて、同じことを何度もやることになるが、驚いてはいけない。撮影とはそういうものだ。自分の出番が終わったキミは、とっとと帰っていい。別のシーンの撮影がある スタッフの皆さんや、まだ出番がある俳優さんは残るが、キミは帰りなさい。帰ったキミは、次の撮影の準備をしなさい。またセリフを覚え、体調を整え、早朝の撮影にも対応できるようにしなさい。

さて、そうやってできあがった作品は必ず見なさい。自分がどう映ってるのか。一生懸命セリフを覚え、喋っているキミの顔が映ってないこともあるだろう。映し出される主役の顔に、キミの声だけが聞こえる。声はすれども姿は見えず。でも、落ち込むな。そんなことは、これからゴマンとあるから気にするな。それが映像だ。それより、さあ次の作品の準備をしよう。

ハハハッ、そろそろ気づいたろう。

映像俳優に奥義も秘事もないのだ。セリフを覚え、体調を整え、時間を守り、謙虚に現場へ向かうだけ。それだけだ。ハハハッ。

なんだ、その不満顔は。ほら早く帰って、次の準備をしなさい！ 風邪ひくな、歯磨けよ！

映画デビューの父と初共演

還暦を迎えた秋から年末にかけて怒涛のような日々が待っていた。まずは岩松了さん作・演出の舞台『いのち知らず』の稽古が始まった。

俳優業界では、岩松さんの演出はとっても厳しいことで有名だ。よく耳にするのは、１００本ノック。稽古で同じ場面を何度も繰り返す。「もう1回」「ハイ、もう1回」。昔、ある俳優さんは、ドアから入ってくるだけで「もう1回」と数十回もやったらしい。

ダメ出しの言葉も独特で難解だ。「セリフはみんな嘘だから」「その人が言ってる内容じゃなくて、それを言ってる事情や状況が面白いんだから」「まさか本当だと思って芝居してない？」などなど。

そんな稽古も、悪戦苦闘しながらどうにかこうにかカタチになり、本番を迎えた。東京公演のあと、地方公演で全国7カ所を回った。久しぶりの舞台で心底疲れたが、かけがえのない共演者と岩松さんからの言葉は一生の財産だ。

気がつけば12月に入っていた。休む暇なく、映画『逃げきれた夢』の撮影のため、そのまま北九州に入った。この映画は、ボクと同じ芸能事務所に所属する、俳優兼監督の二ノ宮隆太郎君の作品だ。彼が、ボクをモチーフに書き上げたシナリオで「フィルメックス新人監督賞」グランプリを獲得し、映画化が実現した。

物語は、定年間近の中年オヤジが迫りくる老いを感じながら、仕事と家庭との板挟みになりながらも何とか次の一歩を踏み出そうと迷走する。そんな話だ。ロケ地はボクの故郷である八幡に宿泊しながら、北九州市全域で撮影した。セリフも北九州弁だった。ボクが生まれ育った黒崎の町でも撮影した。

子どもの頃に走り回り、ヤンチャをしていた町で「仕事」をするのは、照れくさく恥ずかしかった。だってあの町では生身の「光石研」で過ごした。町の皆さんの前で何かに扮して、演技するのは、なんともくすぐったい感じだった。でも、撮影現場に幼なじみが顔を出してくれたり、商店街の方々からも声をかけていただき、差し入れをいただいたりして、撮影しやすい環境をつくってもらえて本当にありがたかった。

そしてこの映画には、なんと、ボクの実の父親が出演しているのだ。ボクの所属事務所社長の一言で決定した。確かに面白いが、もちろん演技も初めてだし、映画出演も初めて。90歳の映画デビューである。

役柄は、ボクが扮する北九州の定時制高校の教頭、末永周平の父親。出演場面は2つ。介護施設に入っている父を周平が見舞いに行き、病で意思の疎通がとれない父に自分の思いを語りかけるシーンだ。

実の父親の前で、誰かに扮してセリフを言う。父親の目の前で「仕事」をしてみせるのは初めての経験で、本気で恥ずかしかった。父親にとっては慣れない撮影現場の環境だったけど、若いスタッフの皆さんによくしていただき、なんだか楽しそうだった。

そんなこんなで撮影は終了し、映画は2023年6月に公開。ありがたいことに忙しさは還暦を超えてさらに加速している感じだ。こうなったらケセラセラ（なるようになるさ）。運を天に任せて突き進むよ。

パワーアップして、帰ってきますよ

この連載も1年書かせていただいたことになる。いま読み返しても、あまりの稚拙な文章に恥ずかしくなる。

前にも書いたが、2022年はどうしたことかたくさんのお仕事をいただき、てんてこ舞いだった。そしてありがたいことに、2023年に入ってもてんてこ舞いは続いていて、家と撮影現場の往復ばかり。ちょっとの休みはセリフ覚えに消える。まったく気持ちに余裕がない。

そんな合間に、あまり深く考えず、思うままに書き散らかした。もともと教養も素養もないから仕方ないが、何でもかんでも面白がって引き受ければいいってもんじゃない。状況ってもんもあるし、身の丈ってもんもある。

こーゆうものを書く時は、気持ちを落ち着かせ、いろんなことに探究心を持ち、自分の足で探し、研学する。見聞を広めたのち、考察し、思いやりを持ってウイットに富んだ文章を書く。なのにボクったら。顔から火が出る思い。穴があったら入りたい。

でも、この連載でひとつだけ自慢できることがある。それは、新聞掲載時の挿絵をボクのあこがれの小林泰彦先生に描いてもらったことだ。

小林さん、ここはあえて「先生」と呼ばせていただきます。

小林先生は、ボクがティーンエイジャーだった頃の愛読雑誌の表紙や、たくさんのファッション、ライフスタイルのイラストを描いていらした方だ。イラストだけではなく、海外の街の地図を事細かに描いていらして、旅への夢を膨らませてワクワクした。街行く人のイラストも絶妙で、ボクにとっては写真よりリアリティを感じ、着こなしをまねした。

そして小林先生は、1970年代のアウトドアファッションの火付け役でもある。「ヘビーデューティーアイビー」と銘打ち、ブームをつくった。元々は、小林先生が某雑誌の企画で、パロディから発案したものらしいが、ボクらは、そのミクスチャーな感じにイタク共鳴した。ダウンベストにマウンテンパーカ、ラガーシャツ、カウチンセーター、ジムショーツ、デイパック。すべて小林先生に教わった。まさしくボクの「先生」だった。

　ひとりっ子でひとり遊びばかりしていたボクは、小林先生のイラスト自体にも影響され、夜な夜な机に向かい、勉強するふりをして小林先生の模倣イラストを描いていた。小林先生の画風は、写実的なものから、遊び心満載のキャラクター的なものまで多岐にわたり、本当に大好きだった。

　そんなこんなで、今回で小休止させてもらうことにした。この連載を持ちかけてくれた西日本新聞社さんには感謝しかない。「また書く時が来たらやりましょう」と担当記者さんからも温かいお言葉をいただいた。添削を手伝ってくれたボクの担当マネージャーの柳実可子さんにも感謝したい。

　そして、こんな拙い文章にお付き合いいただき、挿絵を提供してくださった小林泰彦先生には感謝してもしきれない。

　そして、そして、毎月読んでいただいた方々にも感謝しかない。本当にありがとうございました。また機会をいただければ、必ずパワーアップして帰ってきたいと思ってます。
感謝、感謝です。

初出

光石研の As time goes ばい！
2021年1月25日―4月7日　西日本新聞に掲載

青山真治さんを悼む
2022年4月8日　西日本新聞に掲載

光石研のリーン・オン・ミー 〜 僕を頼って
2022年6月4日―2023年6月17日　西日本新聞に掲載

本書は連載コラムをもとに再構成、加筆修正を行いました

River Side Town

思い出の街

〈NEPENTHES HAKATA〉は、ネペンテスのブランドが一同に揃うフラッグシップストア。
今回も大好きなエンジニアドガーメンツのスーツを着させて頂きました！

博多の総鎮守、櫛田神社。お櫛田さん。
いつもここに来ると、映画『博多っ子純情』の頃を思い出します。

納
宮総代

博多のチルスポット、大濠公園。
博多で時間ができると必ず来て、プラプラと一周します。美術館もあるしね。

この遠賀川の近くで生まれ育ったリバーサイドボーイズ。ぼくらの源流です！

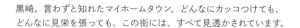

黒崎。言わずと知れたマイホームタウン。どんなにカッコつけても、
どんなに見栄を張っても、この街には、すべて見透かされています。

KUROSAKI

黒崎の角打ち〈いのくち〉さん。子供の頃、黒崎には沢山の角打ちがありました。三交代制の製鉄所関連に勤めるおじさん達が、朝から呑んでいて、その横をランドセル背負って学校通ってました。ディープ黒崎！

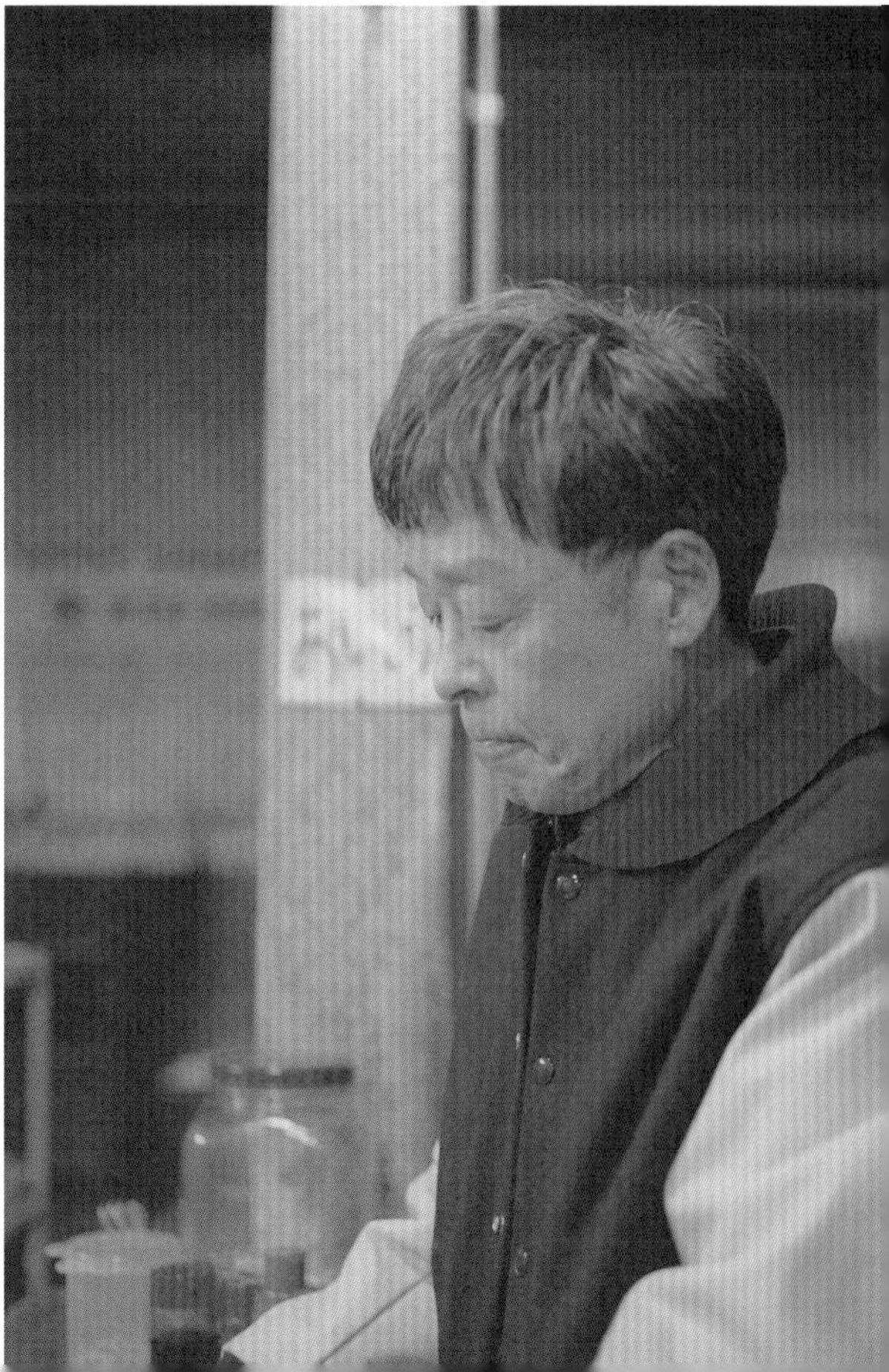

Kurosaki City

1970年代ころの黒崎。今では変化を遂げているけれど、ここがボクの中での故郷。思い出の景色です。

1.

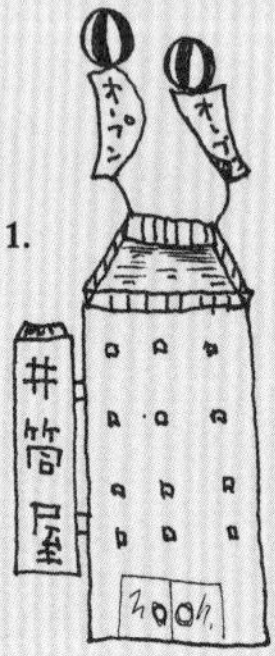

2.

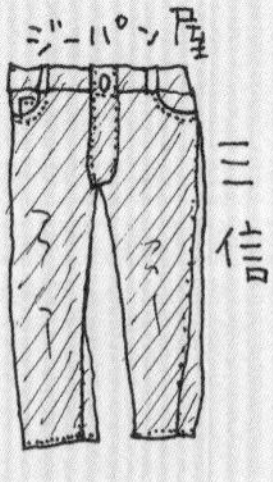

3.

4.

5.

6.

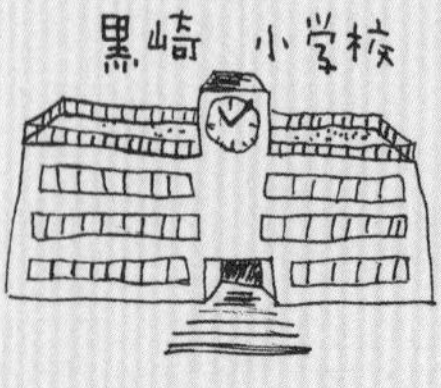

7.

8.

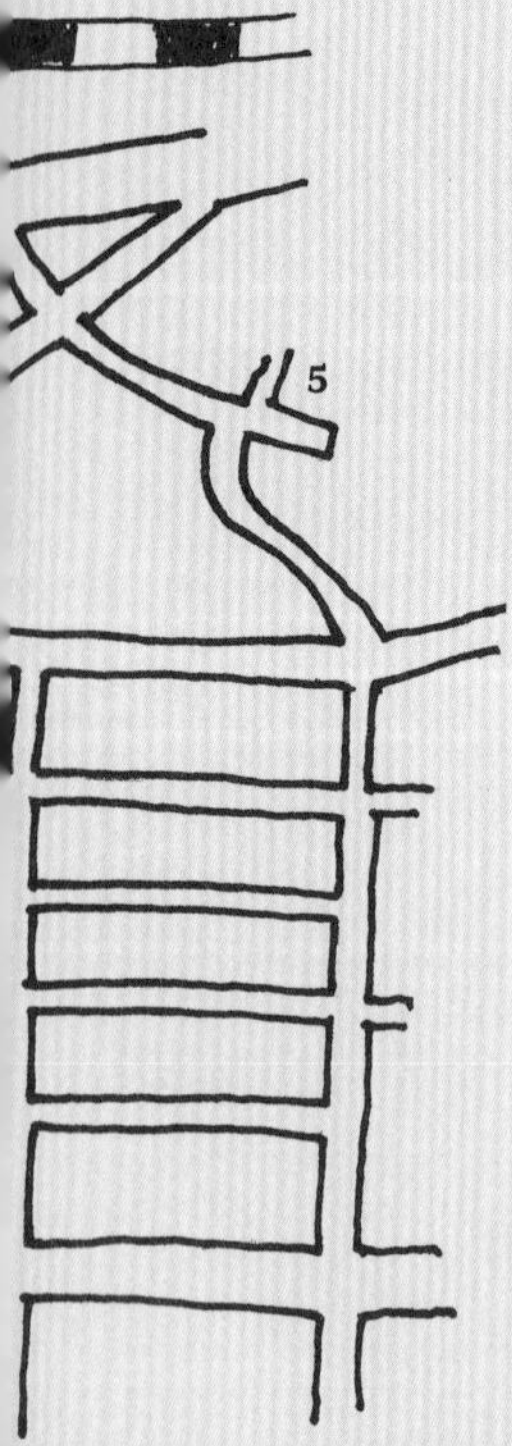

9.

11.

10.

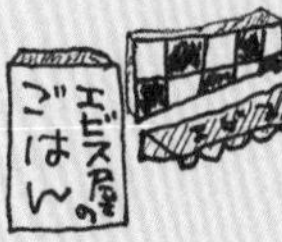

1.Izutsuya / 2.Sanshin / 3.Shiroya
4.Okada Jinjya Shrine / 5.Kasuga Jinjya Shrine
6.Kurosaki Elementary Shcool / 7.Roxy
8. Inokuchi / 9.Sogo / 10.Ebisuya / 11.Yokozunaya

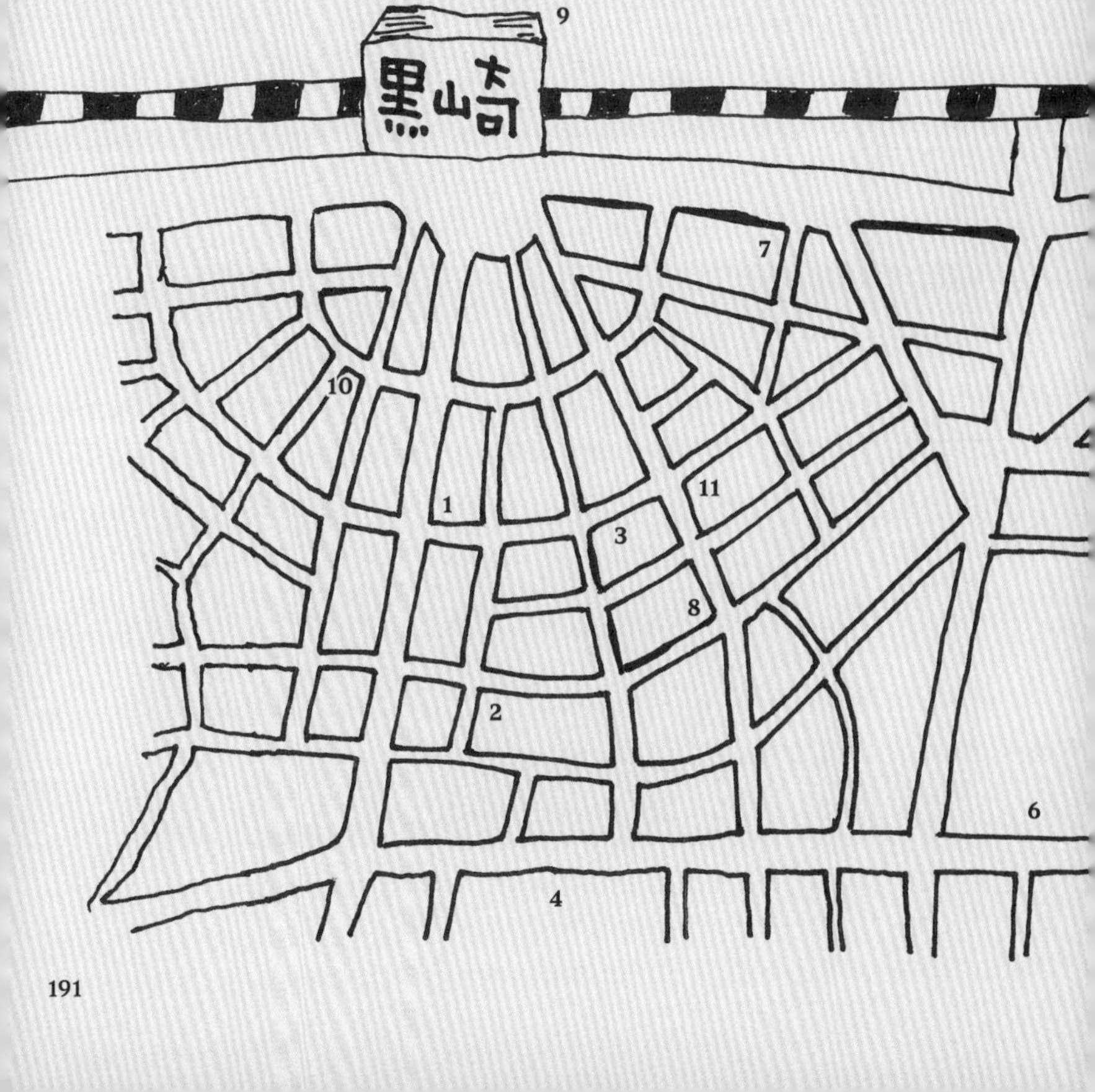

Locations

博多へ来ると必ず足を運ぶ〈かろのうろん〉で、ごぼ天うろんを注文。
甘めのやさしいおつゆが体に染み渡ります。

対談

リリー・フランキー × 光石 研

北九州トークと「最近なんしようと?」

Cross Talk

Photo: Mikako Yanagi

北九州出身のひとは声をかけてくれる

リリー・フランキー（以下、リリー）　お互いに年をとって、こういう対談の機会でもないと会えないですから。仕事じゃないと会えなくなるっていうのが、さみしいですよね。

光石研（以下、光石）　だいたいそうなってきますよね。

リリー　前に、どこかの映画館でしたっけ。

光石　そうです、あの時リリーさんに来ていただきましたよ。

リリー　（大森）南朋に誘われて、（光石）研さん特集が上映されるって。

光石　たしか、ユーロスペースだったと思います。

リリー　それも20年くらい前ですよね。

光石　俳優生活20周年記念で美学校の大学生たちにやっていただいたんですよね。

リリー　20年前が20周年なんですね。

光石　今で40数年ですから。

リリー　映画『博多っ子純情』から数えて？

光石　そうです。１９７８年。

リリー　それが15、16歳ですか。

光石　16歳です。ははは。感慨深いです。ほんとすみません今日は。対談をお引き受けいただいて、ありがとうございます。

リリー　エッセイを西日本新聞で連載されていたんですね。

光石　はい、こっそり。

リリー　毎週ですか。

光石　週1回だった気がします。800字を50本書いて、そのあと月1で1200文字を10数本書いたんです。それでもうネタ切れになって。

リリー　基本的に、北九州について書いたんですか。

光石　それとか、現場のこととか。最初の頃は黒崎のことを書いていたんですよ。友達のこととか、商店街のこととか。

リリー　北九州のことなんて4、5本書いたらなくなりますもんね。

光石　そうなんですよ！

リリー　唐そば（渋谷に店を構える黒崎発祥のラーメン屋）のお友達までいったら、もうないじゃないですか。

光石　ほんとに（笑）。もうネタがないですと言って新聞の連載は終わったんです。そうしたら、それをまとめて本にしましょうと編集の方がお声がけくださって。

リリー　いいですよね、最終的に本にしてくれると。書き捨てになるのが一番切ないですからね。

光石　それで、ぜひ対談を入れましょうと提案された時に、これはもうリリーさんしかいないなと思って、お願いしました。

リリー　なかなか北九州出身のひとっていい

ないですからね。最近けっこう声をかけられることが多くなって。認識してもらってるんですかね。僕と研さんが、北九州のひとだっていうので声をかけてくれるのか、北九州のひとが昔より多く上京しているのか。

光石　どうなんですかね。北九州出身のひとから声かけられます?

リリー　飲み屋とかで「俺、戸畑なんすよ」とか。これがまた独特で、博多とは違う。博多だと言ってもレアな感じがしないけれど、北九州というと「ちょっと俺レアでしょ?」って感じで来ますよね。

光石　リリーさん、もともとは戸畑ですか。

リリー　本籍は魚町なんです。小倉の北区で。生まれたのは到津《いとうづ》です。そこからほどなくして引っ越して、あとは筑豊《ちくほう》に。俺の運が悪いというか間が悪いというか、今年(2023年)60歳になったんですけど、北九州市の市制と同じ年なんですよ。だから北九州の周年の営業に呼ばれがちなんです。

光石　映画祭も始まりますしね。

リリー　それと並行して、映画館(小倉昭和館)の再建にも関わっているので忙しいですね。

光石　還暦と市制と昭和館と、全部が重なりましたね。

リリー　もともとは映画祭を2年前にやる

予定だったんですよ。知り合いにコメントもらって、映画祭の映像を作ってほしいというオファーだったんです。いろんな方にコメントを頼んでいたら、なんやかんやあって2年以上経ってしまって。だから出ているひとがみんな若いんですよ。そこからみんな2年半、年とってるわけですから。

光石　そうですよね（笑）。

黒崎にスーパースターが来た

リリー　なかなか、ちょうどいい地元の話がないんですよね。生々しくなっちゃう（笑）。でも、光石さんとは年も近いんで、映画『博多っ子純情』は、当時普通に親と一緒に観にいきましたよ。

光石　ほんとですか！

リリー　その時から知っている年の近いひと。

光石　リリーさんが小中学生の頃に遊んでいた街はどこですか。

リリー　夏休みや冬休みはずっと小倉にいて、あとは筑豊に。

光石　筑豊のどこだったんですか。

リリー　今でいう宮若という炭坑町ですね。毎日夕方になるとサイレンが鳴って、発破がかかって地面が揺れるところでした。小学校低学年のころは、まだ炭坑が閉山になってなかったんです。

光石　えー、そうなんですか。黒崎はあまり来なかったですか。

リリー　黒崎は、一番近い街で、シティなんですよ。俺、黒崎ですごいものを見ちゃったことがあるんですよ。小学生か、中学生になってたかな。ＳＯＧＯがあったじゃないですか。

光石　できましたね。１９７９年くらいに。

リリー　当時、化粧品のＣＭに、ダイアン・レインが出ていたんですよ。

光石　そうでしたっけ。

リリー　それで、どういう代理店の豪腕の営業がいたのか、黒崎のＳＯＧＯに当時バリバリのダイアン・レインが来たんですよ！

光石　えー！

リリー　黒崎ですよ？　いくら俺にとってのシティとはいえ、日本では田舎の、しかもＳＯＧＯですから。それでダイアン・レインを見にいったら、ダイアン・レインがポーチみたいな場所から手を振ったんですよ。俺、映画『リトル・ロマンス』とか大好きだったから、それを見て、さすがにダイアン・レイン終わったなって思ったんですよ。

光石　あははは！

リリー　黒崎で営業しているダイアン・レインは見たくなかったって、子どもながらに思ったんですよね。

光石　それはすごいわ。ＳＯＧＯができたっていうのは、一大ニュースでしたからね。イケイケだったんでしょうね。

リリー　小倉のＳＯＧＯは秒でなくなりましたもん。

光石　小倉にもあったんでしたっけ。

リリー　今はセントシティという名前になって。３～４年に一度くらい名前が変わるんですよ。

光石　駅前ね。そうですね。

リリー　毎回駅前の物件については俺も提案してるんです。北九州市って、一番高齢化が進んでいる政令指定都市で、それなのに、東京ガールズコレクションとかを金出して呼んでるんですよ。若い子たちは博多に買い物にいくんだから、小倉は爺婆が楽しい街にしたほうがいい。俺は巨大な巣鴨にって言ってるんですけど。駅からＳＯＧＯ跡までスロープ作って、セレクトショップで1階は仏壇屋、2階は数珠屋で。爺さん婆さんが必要なものだけを集めたセレクトショップにしたいんです。小倉って、日本で一番デパートの外商の売上げが高いらしいんです。

光石　えー！

リリー　銀座の三越よりもですよ。出かけるのは面倒だけど、なんか売りにきてるから買うらしいんです。またこれが微妙なんだけれど、黒崎と折尾っていうところが、ものすごく近い隣町なんですけど、ちょっとまた雰囲気が違いますよね。

光石　そうですよね。

リリー　折尾は乗り換えのために俺は降りていて、黒崎はわざわざ行くところなんですよ。折尾での乗り換えの瞬間に、絶対にカツアゲに遭うんです。

光石　不良がいっぱいいるからね。

リリー　その折尾出身なのが、松尾スズキさん。

光石　松尾さんは折尾ですね。

リリー　で、俺らが共通して同世代で見てきた風景が、遠賀川。俺たちの街を、筑豊からずっと横に流れてるんですよね。

光石　そうです、そうです。

リリー　そして牛の放牧もしてるんです。だから死んだ牛が流れていく風景を見るっていう。

光石　インドみたい。

リリー　遠賀川沿いのドライブインで、うちのおふくろがバイトしてましたもん。

光石　だから僕、今回のエッセイ集には『リバーサイドボーイズ』ってタイトルをつけようと思ってるんです。

リリー　遠賀川だけに。

光石　黒崎の友達連中には「俺たちはリバーサイドやない、ベイサイドや」って言われて。でも、大きく見ればリバーサイドだし、語呂もいいからリバーサイドにしようと。

リリー　それはもう福岡出身の井上陽水先輩が『リバーサイドホテル』って歌ってますからね。「川沿いリバーサイド」。

光石　そうそう。

リリー　いいですね『ジャージー・ボーイズ』っぽくて。

仕事にかこつけて地元に帰りたい

光石　ほんと不良は多かったですよね。たくさんカツアゲに遭ったなあ。僕は黒崎が地元だったから、そこまでではなかったですけど。

リリー　映画『博多っ子純情』に出演した後も、しばらく黒崎に住んでいたんですか？

光石　そこから1年半住んでいました。高校卒業するまで。東海大学だったから、赤間だったんですよ。だから両方から学生が来てたんですよね。北九州と博多と。

リリー　その頃とか「おまえなんや映画ばっ出て、つやばつけとんや（かっこつけてるのか）」みたいな先輩がいるじゃないですか。

光石　「おまえいくらもろたんか」って先輩たちから絡まれましたよ。でもわりと、みんな平気にしてましたけどね。また北九州と博多は仲が悪いんですよ。

『リバーサイドホテル』作詞／井上陽水　JASRAC 出 2402539-401

リリー　北九州のひとは、最初の都はこっちだって言ったりしますもんね。

光石　こっちのが栄えたとかね。僕は両方と仲が良かったから、オーディションに誘われたのも博多の子だったし。うちは親父が佐賀出身なんですよ。朝鮮半島から引き揚げてきて、本家は博多にあるんですけど、佐賀に落ち着いて。だから親父は向こうで生まれ育ってるんですよね。おふくろの本家がそれこそ僕の出た高校のある、宗像なんです。おふくろは黒崎で生まれ育ったんですけどね。

リリー　地元からくる仕事って断りづらいじゃないですか。東京だったら絶対やらないぞっていう仕事も、やらざるを得ないというか。（井上）陽水さんにも昔から言われてたんですよ。「あなたね、地元の仕事を断ると角が立つからね」って。そうやって言ってるわりに、陽水さんはめちゃ断ってるんですよ。

光石　おもしろい（笑）。でも、地元に帰れる仕事は絶対に受けていますよ。どんなに細かいのでも。

リリー　それは（藤井）フミヤさんも言ってました。15年くらい前に、福岡ローカルのフミヤさんの番組をやってたんですよ。どんな番組かっていうと、フミヤさんがひとりで田川をぷらぷらして、田川の不良に声をかけるみたいな、ロケ番組。田川の不良にもの申すなんて、死んでもいいと思わないとできないですよ。

光石　ねえ、怖いですよね。

リリー　それで一度番組に呼んでもらったことがあって、この番組ずっとやってるんですかって聞いたら「こういう仕事があると、定期的に地元に帰れるじゃん」って。

光石　そうなんですよね。リリーさんはあまりお帰りになってないですか。

リリー　今は映画祭と昭和館のおかげで、来週も行きますよ。

光石　あははは。

リリー　正月とかも、別に家族がいるわけでもないから。小倉に帰っても、もう両親もいないし。でも、小倉に帰って友達とかと遊んでるほうが、休みっていう感じはしますね。

光石　そうですよね。東京はどうしても仕事場って感じですもんね。

リリー　研さんは趣味人だから、家にいても好きなものに囲まれてるじゃないですか。家の充実のさせかたがすごい。

光石　なにかしらやることはありますよね。

リリー　あのへんの趣味はいつからなんですか。

光石　僕ね、ひとりっ子なんですよ。それもあるのかもしれないです。わりとずっと家っ子だったっていうか。ひとりでノートに絵を描くのが好きだったりとか。スポーツも好きだったんですけど、あんまりチームプレイは好きじゃなかったんですよね。でも、チームのユニフォームをデザインしたりとかは好きなんですよ。

リリー　俺もひとりっ子なんで、なんかわかります。以前、雑誌か何かで研さんの部屋なのかな？　写真を見たときに、もうこれ以上やるところないだろうっていうくらい完成度が高かったですよ。

光石　いやいや。もうあんなのは見る影もないですよ。物が増えすぎて。でも、いろいろやるのが好きだったんですよ。

リリー　明快な趣味というか、好きなものがあるのはいいなって思います。俺は趣味がないので。趣味がないと、年をとると本当にすることがない。

光石　僕も、だからといって絵を描いたりするのかといったら、ないですよ。レコードも針を落としたりしないし。せいぜいCDを流しながら台本読んだりとか、最近はそのくらいですよ。

リリー　でも、研さんは好きなものの整理がちゃんとできますもんね。あれだけのものがあったら、普通ぐちゃぐちゃになるじゃないですか。

光石　今もうぐちゃぐちゃですって。あれは撮影できれいにしただけです。

リリー　趣味が男の子っぽくてまた憧れま

す。

光石　そうかなあ。

リリー　俺と秋元（康）さんとよく一緒に遊んでるんですけど、ふたりとも趣味がなくて。いろいろ始めようとは言うんですけど、なかなか見つからなくて。最終的に、作務衣をふたりで買って、いかにも趣味がありそうなひとに見られるっていうところで落ち着いたんです。

光石　あははは。でも秋元さん、ラジオでウイスキーに凝ってるっておっしゃってましたよ。

リリー　そうですね。最近ここ何年かウイスキーを好きになったんで、秋元さんが買ってるおかげで、俺も飲めるっていう。

光石　リリーさんのラジオもときどき聞かせていただいております。夕方なのにエッチな話ばかりで、おもしろいですよ。そうそう、地元に帰るって話に戻るんですが、1時間番組でここだけナレーションいただければ、なんだったら東京で録って送っていただければいいですっていうのも、嫌だって言って。地元に帰る、それも前乗りだって言うんです。

リリー　ただ帰りたいだけなのに「やっぱり光石研さん役者魂ハンパないな」っていう雰囲気出して。

光石　仕事は付け焼き刃でやりたくな

いって言って。ちゃんと前乗りして気持ちを作りたいって。ちゃんと午前中から帰って、お昼も食べないといけないから。

リリー　帰省の前から、昼はあそこであれ食べてっていう計画があるから。黒崎で飲み食いしてるんですか。

光石　博多に泊まっちゃうんです。

リリー　それリバーサイドボーイじゃない。中洲のひとじゃないですか（笑）。

郷土愛からは逃れられない

光石　まだ父が黒崎にいるんで、ちょっと顔を見にいったり、親父と一緒にお昼だけ食べたりはします。それで夜、黒崎に泊まった時は地元の連中と焼き鳥屋に行ったり。

リリー　俺も先月、博多に久しぶりに行きましたね。やっぱり、博多と北九州ってもう、同じ県とは思えないくらい違う。

光石　全然違いますよね。

リリー　意外と俺たちみたいに早めに東京に出たひとたちは、お金がある時に地元にいないから、地元で遊べるようになるのって、40歳過ぎてからだったりしますよね。

光石　本当にそうです。

リリー　くるりというバンドの岸田（繁）くんって、ほんとに地元の京都が大好きで。昔、一緒に遊ぶときに「リリーさん、京都のことは俺に任せてください」っていって、どこか飯屋に連れていってもらったら、大学時代によく行ってたラーメン屋とかなんですよ。「俺の思ってる京都と違うな」って思うんだけど、でも自分もそうだったなと思って。早くに地元を離れてると、店を知らないんですよ。

光石　僕も黒崎の飲み屋を知らないですもん。

リリー　自分が金を払って飲んでた年じゃないから。年とって、自分で飲みに行けるようになってから博多でよく遊んでいた時に、北九州で予備校生時代を過ごした井上陽水さんに言われていたのが「あなたはまだ博多が楽しい年頃なんだ。博多で遊び散らかすと、そのあとは小倉よ」って。「まじっすか!?」って聞いたら、「小倉にはコクがある」。奥行きが違うんだって。「博多はケバいじゃない、東京でいいじゃない」って。

光石　なるほど……!

リリー　でもやっぱりね、博多は楽しいですよね。

光石　楽しいです。でもね、イラストレーターの黒田（征太郎）さんとかね、ずっと小倉に住んでらっしゃるんですよね。

リリー　もう10数年。だから征太郎さんのマーキングがすごくて。小倉の飲み屋に征太郎さんの絵が描かれていない店を見つけるほうが難しい。どこの便所にも絵を描くから（笑）。

光石　北九州空港にも描かれてましたよね。

リリー　どこでも絵を描いちゃうひとって、生命力ありますよね。博多では何を食べるんですか。

光石　うどんを食べて、夜はお寿司を食べたり、その程度ですよ。

リリー　なかなか博多のごはん屋さんの予約を取るのも大変になってますよね。

光石　そうらしいですね。ほんとに店を知らないから、人づてに聞いたり紹介してもらったりして行ってます。

リリー　東京も博多もそうですけど、あとから知った街って、知り合い全員飲み屋のつなんですよね。

光石　たしかにそうですよね。

リリー　唐そばさんが渋谷に進出したとき、そのタイミングで研さんに教わったんですよ。同級生がやっているって。北九州のラーメンが食べられるって。俺、昔に行った記憶もあって、それでしばらくめちゃくちゃ通いましたよ。

光石　リリーさんが通ってくださっているって同級生も言ってましたよ。

リリー　すごく行きました。味をめちゃくちゃ研究してるんだって思います。

光石　彼ね、ラサール出身なんです。おもしろいんですよ。自分で製麺機を設計したりして。

リリー　やっぱり地頭がいいひとって、どこにでも活かせるんですね。東京に来て、どんどんラーメンを食べなくなってたけど、豚骨ラーメンってソウルフードだから、唐そばさんは「これこれ」って感じ。

光石　パルコの近くの店舗は立ち退きでなくなったんですが、渋谷警察署の近くの店舗はまだ頑張ってますよ。これからも頑張ってほしいです。リリーさん、いま九州に拠点はないんですか。

リリー　ないんですよね。

光石　置こうという計画は？

リリー　もう還暦にもなりましたし、このまま東京に住み続けるのはゾッとするんですよね。いっそ一切仕事しないっていうふうに決められれば、どこにでも住めるんですけど。

光石　九州以外の場所も考えられますか。北海道とか長野とか。

リリー　雪かきする体力は、もうないじゃないですか。

光石　たしかに（笑）。

リリー　もともと雪かきをやってたひとと違うから。俺とか研さんとか、雪かいたらすぐに腰の骨を折るような。雪下ろししたら即死の可能性もあるじゃないですか。

光石　雪国で暮らすとかは考えられないですもん。大変でしょうね。

リリー　でもそうなったらやっぱり……これなんなんでしょうね。俺らだって地元が嫌で出てきているわけじゃないですか。

光石　たしかに。

リリー　なのにどんどん……たぶん郷土愛とか、俺たちふたりはそんなに表に出さないというか、そんなのを持っているとも思われたくない、そういうセンシティブな人間なのに、なんですかね、じわじわと血は変えられないというか。

光石　そうなんですよ。

リリー　それで、タモリさんと陽水さんが郷土愛を口にしだしたときに、これはもう逃れられないんだなと思ったんです。あの偏屈なふたりが地元がいいって言い出したら、もう俺らがどれだけ逆らっても、そうなるんだなっていう。

光石　いやほんとに。

リリー　いつかは研さんも戻られますか。

光石　わからないですけどね。

リリー　働き過ぎなんじゃないですか。

光石　いや、そんなことはないですよ。でもちょっと前までは、死ぬまで現役で、迷惑かけてでも一生俳優でいくって言っていたんですけど、これほんとに現場に行って迷惑かけたら、ほんとの迷惑だなと思って。

リリー　実際に迷惑なひとたちも見てきましたしね（笑）。

光石　こっちですよ～！　って介抱されながら椅子に座らせられたりとかして、それはそれでみんなに迷惑かけるなと思って（笑）。セリフも覚えられなくなって、カンペを出してもらったりして。

リリー　しかも昔は爺さんの役者が珍しかったけど、今はもう人口の半分が爺さんになってきているんだから。

光石　珍しくもなんともない。

リリー　もう介抱もしてくれない。

光石　そうですよね。それなら元気な爺さんを使いますもんね。そんなことを考え始めたら、拠点を九州に置いてもいいんじゃないかなって、ほんのちょっとですけど思っているところはあります。

リリー　博多とかなら飛行機でもすぐですしね。また空港から都心が遠くないっていうのがでかいですよね。でも俺は新幹線が好きで、いつも新幹線で帰っていますよ。

光石　僕もこのまえ新幹線で帰ってきたんですよ。いいですよね。ちょっとお酒を飲んでがっと寝て、起きたらちょうど大阪の手前くらいで、そこから本を読んで。

リリー　小倉まで4時間40分で博多までは5時間弱。でも、羽田に車で30分くらいかけて行って、羽田で1時間待って、飛行機飛ぶのまで待って、飛んで着いてタクシーで向かうトータルを考えると、そんなに新幹線と変わらないんですよ。新幹線は乗ってすぐに好きなことできますから。まとめてラインの返事とか。

光石　有効活用（笑）。

リリー　新幹線での時間を充実させるために品川駅のほうが近くても、わざわざ東京駅から乗車する時もあります。やっぱり大丸の地下で買い物したいから（笑）。

光石　あははは。充実してますもんね。

リリー　乗車中の5時間を無駄にしたくないんですよね。

光石　でもほんとそうなんですよ。僕も新幹線っていいなって思いましたもん。

リリー　いいですよね。あと俺も研さんも、1回の食事をもう無駄にしたくないっていう気持ちがあるから。

光石　そう。

リリー　だから現場に遅刻しても、あたたかいものを食べていこうっていう気持ちがありますよね。

光石　あります。

リリー　俺が15分遅刻したところで大した影響もないから。

光石　わかります。ちゃんと食べたいですもん。

リリー　そうなってくると、やっぱり福岡って優秀なんですよね。東京にいたら何を食うかって迷うけれど、自分たちの地元に帰ると、滞在中に食いたいものを食いきれないですもんね。

光石　そうなんですよ。2泊くらいじゃ全然足りないですもん。

リリー　最近博多に行ったら、コーヒーの屋台ができていて。コーヒーの屋台なんですけど、お酒も出してて、コーヒー酎みたいなのも出してるんです。そこに行くたびに、この名前じゃ客は頼まないからって、俺がメニューの名前を変えました。

光石　すごい（笑）。

リリー　コーヒーにちょっとミルクを足した焼酎を「ラテ酎」みたいなんじゃ、味の想像ができちゃうじゃんって。だから俺は「モーモーラテチューチュー」って名前に変えて。

光石　さすが（笑）。

リリー　いやほんと、博多でお仕事ご一緒したいですね。

光石　ぜひぜひ。

リリー　博多でなにか番組でも。ここは小倉って言うべきなんでしょうけど。

光石　あははは。たしかに、僕ら北九州ですからね。小倉でもいいです。

リリー　黒崎も久しぶりに行きたいです。そういえば……これもオフレコなんですけど。ピー（音）。

光石　（笑）。

リリー　この対談、使えるところがほぼないと思うんで、場合によっては俺と研さんでイラスト描きます。それでページを埋めていくっていう方法（笑）。最近東京で飲んだりしますか。

光石　それがあんまりないんです。それこそ前は（小林）薫さんとかとよく飲んでいたんですけど、コロナ以降なかなか集まらなくなって。

リリー　そうなりますよね。俺もコロナ禍を経て、毎日飲み屋にいた自分はなんだったんだって思いましたもん。

光石　飲みに出る習慣がなくなりましたよね。

リリー　一回そうなると面倒になりますよね。

光石　最近じゃ僕はもう全然ですよ。仕事に追われていて。

リリー　だから仕事しすぎなんですって。だって23歳の上白石萌歌ちゃんですら「研さん仕事し過ぎ」って言ってたんですから。でも、研さん健康なんですね。

光石　そう、健康なんですよ。リリーさんはどうですか。

リリー　いやもうボロボロですよ。しょっちゅう病院にいます。

光石　ほんとですか？　肌の色ツヤがい

いですよ。

リリー　もうお爺さんなんで、ミニポシェットに薬を常に入れているんです。探さなくてもすぐ取り出せるように。うんこ漏らしそうになったらストッパは絶対にいるんで。

光石　僕の家のテーブルの上にも、籠に薬を入れて置いてあります。毎食後に飲む決まった薬があるから。

リリー　前に見ていた婆ちゃんの風景に、自分たちがなってきてるんですよ。

光石　そうそう、実家みたいになってて。ありゃさみしいですよ。

リリー　研さんみたいに元気なひとほど倒れたりするから、これはマネージャーさんが気づかれないように仕事をちょっとずつ減らしていかないと。気がついちゃうから。

光石　空間恐怖症になってるから。

シールを作りたがるひとは信用できる

リリー　僕が子どものころの60代のひとと基本は一緒なのに、爺さん化が遅いから。昔は、山口百恵さんがマイクを置いたのが、21歳ですから。

光石　すごいですよね。

リリー　だから昔のひとって早熟だったんですよ。僕らの時代は、そんなに爺さんになりきれないから、若い感覚のまま仕事をしているんですよね。だから草野球で一番骨折する。野球部の記憶が残ってて、そのままスライディングするから。

光石　（石原）裕次郎さんが『太陽にほえろ！』でボスをやっていたのが38歳ですって。スリーピース着て。

リリー　『東京物語』の笠智衆先生が40代ですからね。なんなら笠智衆さんのおじいさんの役をやらなきゃいけない年になってきている。

光石　ほんとに。

リリー　昔のひとは早熟だったけど、今は働きすぎている感じ。

光石　感覚がちょっと違いますよね。60歳越えたら、自分が小津映画みたいになると思ってました。ならなかったな。

リリー　まだまだ『パンツの穴』みたいな感じですよね。ビックリします。

光石　『グローイング・アップ』とか、そんな感じだもん。

リリー　だから10代とか20歳くらいの俺に、60歳になった自分のことを話しても信じないと思うんですよ。「おまえ60になってもめっちゃピー（音）とかしてるからな」って言っても、「うそでしょー!?」ってなるじゃないですか。

光石　あはははは。ほんとなら、蕎麦屋で一杯したりしてね。

リリー　佐分利信さんみたいになりたかった。

光石　全然なってない。そうだ！　話は変わるんですが、僕ステッカー作ったんですよ。配り歩いているんです。

リリー　ください。早速貼りますから。

（小さなポーチからステッカーを取り出す光石さん）

リリー　あ、わかる〜！　俺もシールこういうのに入れがち！　年とると鞄の中にポーチが増えるんですよね！

光石　そうなんです（笑）。このステッカーはレアです。

リリー　ちゃんと携帯のカーブに沿ってカッターで切りますから。俺の携帯、研さんとブラックピンクになりました。俺、いまだにシールを集めているんで、うれしいです。

光石　ほんとですか！　うれしい。佐分利信さんは絶対にこんなことやってない。

リリー　60過ぎてシール交換とかしないですよ。デザインとかいいですよね。

光石　黒崎をモチーフにイラストを描いたんです。って、どうでもいいけれど（笑）。

リリー　いや、シールを作りたがるひとは信用できます。

光石　あはははは！

リリー　この本は、もう地元のみんなに買ってもらわないと。

光石　がんばって宣伝して。またシール作って、配って。

リリー　本のタイトルが『リバーサイドボーイズ』なんですよね。これ、いいですよ、映画化目指せます。研さんの青春時代を。

光石　いいですね、いいですね！

リリー　北九州市からけっこう支援いただけるんじゃないですか。北九州の青春ストーリーってないですもんね。筑豊や博多ならありますけど。映画化のことを考えたら相当いいタイトルだと思います。

光石　お墨付きいただいちゃった。北九州映画祭で言っちゃおうかな。

リリー　そこで早速お金を集め出して。

光石　ステッカー配りながら。最初、でんでんさんと鈴木浩介くんの3人に野間口徹くんが加わって、僕ら『リバーサイドボーイズ』だねってところから始まったんです。

リリー　じゃあ映画もその3人で。いいタイトルですよ。映画化が見えましたもんね。エッセイのほうが映画にするときよさそうじゃないでしょうか。監督も兼ねてもらって。

光石　えー！

リリー　それか、北九州市出身の監督といえばタナダユキさんで。

光石　お願いしちゃおうかな。リリーさん、監督は？

リリー　やったことないですよ。ＭＶとかはありますが。映画監督にはすごく憧れがありましたし、でもなんかのきっかけで自分が出してもらうようになってから、出れば出るほど監督をやる意欲が失せますね。

光石　まさしく。すごくわかります。

リリー　監督は大変。だから、若くてわけわからないうちにやっておかないと。でも、もうすぐボケると思うんで、そしたらやるかもしれないです（笑）。大変だってことも忘れるから。映画化が見えたら出版社も忙しくなりますよ。

光石　（編集者を見て）あ、遠い目をしている。

2023年11月9日、東京・渋谷にて収録

リリー・フランキー

福岡県出身。武蔵野美術大学卒業後、イラストやデザイン、文筆、音楽など多彩な分野で活躍。

あとがき

２０２０年春。コロナで世界中が一斉に止まった。全ての撮影もストップした。不要不急の俳優業。ボクはいつ再開できるのかわからない、この惨事の対処策が全く見出せず、テレビのニュースを横目に、ソファにゴロリ、天井のシミなんぞを見て過ごすばかり。

そんな時、西日本新聞さんから

「コロナ禍、いかがお過ごしですか？　あらあら、ゴロゴロしてらっしゃるんですか。ならばどうでしょうか？　エッセイでも書いてみませんか？　なんでもいいんですよ。昔の話でも日々の出来事でも。まあ難しく考えないで、気楽に書いてみてください。天井のシミ見てるよりはいいでしょ」

全くその通りだ。渡りに船、地獄に仏とばかりに飛びついた。タイトルは「アズ・タイム・ゴーズ・ばい」。九州弁にかけてbyを「ばい」にした。翌年、タイトルを「リーン・オン・ミー」として引き続き書かせて頂いた。

昨年の春先、編集者の松本昇子さんから「西日本新聞さんのエッセイをまとめて、書籍にしましょう!」と連絡があった。松本さんは、以前にもボクの本を編集してくださった方だ。「松本さん、嬉しい話ではありますが、書籍化ってそう簡単にはできませんよ」とか言ってたら、三栄さんとお話をまとめてきてくれた。本当に感謝しかありません!

今回は文章自体はあるので、あとは肉付けだけ。リリー・フランキーさんに御足労頂き、対談をお願いした。写真は博多と故郷黒崎に出向き、写真家の倉島水生さんに撮って頂いた。メイクには、大島千穂さん、衣装は、ボクの大好きなエンジニアド ガーメンツさんが全面協力してくれた。とにかく皆さんのご協力無しには、進まなかった。本当にありがとうございました!

『リバーサイドボーイズ』
　ボクの同郷の俳優仲間。中間市生まれで遠賀育ちのでんでんさん。折尾の鈴木浩介くん。永犬丸の野間口徹くん。みんな北九州市の最西の出身だ。このメンバーでの呑み会は、でんでんさんの「やっぱ俺達はホルモンやろ！」の宣誓で「ホルモン会」。そのホルモン会の時、ボクが思わず「俺達はリバーサイドボーイズやね」と言うと、みんな口々に「そうそう！　いいね、リバーサイドボーイズ！」と盛り上がった。ボクらの家の近くには遠賀川が流れてる。「リバーサイドボーイズのホルモン会やね！」。ロースターのケムリの奥に良い顔が並ぶ。でんでんさんをリーダーとするこの『リバーサイドボーイズ』をタイトルにさせてもらった。

　今回もまた、皆さんの温情のみで出来上がった本です。前出の皆さん、デザイナーのみさこみさこさん、そして書籍化を快諾して頂いた株式会社三栄の水谷素子さん、西日本新聞の佐々木直樹さん、所属事務所・鈍牛倶楽部代表の國實瑞恵社長、柳実可子マネージャー。本当にありがとうございました。

幾つになっても、新しい事へのチャレンジは刺激的で楽しかった。これからも、まだまだ新しい事に挑戦してみたい！

あ、それには皆さんのご協力が必要です。

皆さん、またまたよろしくお願い致します！

光石　研

光石 研（みついし・けん）
俳優。1961年、北九州市生まれ。高校在学中の78年に映画『博多っ子純情』のオーディションを受け、主役に抜擢されて俳優デビュー。以降、映画やドラマなど映像作品を中心に活躍している。12年ぶりの単独主演映画『逃げきれた夢』は第76回カンヌ国際映画祭 ACID部門へ正式出品。

リバーサイドボーイズ
光石 研

写真　倉島水生
ヘアメイク　大島千穂
衣装協力　ENGINEERED GARMENTS(NEPENTHES)
協力　柳実可子　鈍牛倶楽部　合同会社Cinepice

ブックデザイン・DTP　みさこみさこ
企画・編集　松本昇子
編集・構成　水谷素子

2024年6月2日　初版 第1刷 発行

発行人　鈴木賢志
発行元　株式会社 三栄
〒163-1126
東京都新宿区西新宿6-22-1
新宿スクエアタワー 26F

受注センター
TEL：048-988-6011
FAX：048-988-7651

販売部
TEL：03-6773-5250

印刷製本所　図書印刷

Printed in Japan
SAN-EI CORPORATION
ISBN 978-4-7796-5032-1